El libro del Pr. Mad
miento de la iglesia
cación. En sus pági
ministerio de la iglesi.
en el propósito misional para el cual fuimos llamados como pueblo de Dios e individualmente como discípulos. Invito a todo pastor, líder y miembro de iglesia que anhela ser un instrumento útil en las manos de Dios, a leer y aplicar los principios de esta obra. Sin duda, será de gran bendición tanto a nivel personal como eclesiástico.

Pr. Abdiel del Toro
Vicepresidente Asociación de Florida

Tu Ministerio en la Iglesia es una herramienta sencilla, profunda, práctica y testimonial para comprender realmente el plan de Dios para cada uno de sus discípulos dentro de la misión de la iglesia. El doctor y pastor Carlos Madrigal nos muestra cómo descubrir y desarrollar nuestros dones, no solo a través de cargos eclesiales, sino también mediante ministerios que dan propósito y significado a nuestras vidas.

Dr. Pr. Henry Barrios
Ministerios en Español Asociación de Florida

Me emociona pensar en lo que hace muchos años declaró el apóstol San Pablo: "No dejes de usar las capacidades especiales que Dios te dio cuando los líderes de la iglesia pusieron sus manos sobre tu cabeza. El Espíritu Santo habló con ellos y les ordenó hacerlo." (1 Timoteo 4:14 TLA). *Tu Ministerio en la Iglesia* te ayudará a reconocer y a cumplir con gozo el propósito y ministerio al cual fuiste llamado dentro del pueblo del Señor. El Dr. Carlos Madrigal, guiado por Dios mismo, te llevará a reconocer, en esta guía práctica, la importancia de obedecer a Dios por medio de los dones que Él te ha confiado. Estoy seguro de que este libro será de gran bendición para todo aquel que desee servir a Dios como solo Él lo merece.

Pr. Armando de León
Coordinador Hispano Asociación Kentucky-Tennessee

Leí este libro con la intención de encontrar herramientas útiles para ministrar con éxito la iglesia del Señor, y puedo decir que cumplió con mis expectativas. Creo que *Tu Ministerio en la Iglesia* también será de gran ayuda para fortalecer tu ministerio. Esta obra es una lectura esencial para pastores, líderes y cualquier persona comprometida con el crecimiento y fortalecimiento de su iglesia. Su enfoque práctico y fundamentado en la fe lo convierte en una herramienta invaluable para quienes buscan un ministerio más dinámico y fructífero. Después de todo, hemos sido llamados a cumplir la tarea especial que el Señor nos ha encomendado. A través de esta disertación, el pastor Carlos Madrigal nos brinda elementos clave de comprensión y apoyo para llevar a cabo esa misión con mayor claridad y eficacia.

Pr. Gerson Sánchez
Coordinador Hispano Asociación del Golfo

Primero fue *El Movilizador* y ahora *Tu Ministerio en la Iglesia*; definitivamente, ambos libros se complementan perfectamente, no solo por su practicidad, sino porque quien los ha escrito sabe perfectamente de lo que está hablando. Una vez más, el pastor y doctor Carlos Madrigal nos sorprende con un libro sencillo y, a la vez, profundo sobre eclesiología práctica, que servirá de guía a todo aquel que necesite descubrir su ministerio con el fin de fortalecer la evangelización. Destaco de manera especial que los testimonios actuales que el pastor nos comparte, de creyentes que, guiados por el Espíritu Santo, encontraron el ministerio al que le están dedicando sus vidas, me impactaron y me dieron la certeza de que el Espíritu sigue obrando con poder, así como lo hizo en el pasado. Creo que los videos (códigos QR) y los ejercicios al final de cada capítulo son un gran complemento que enriquece el propósito de este excelente libro. De verdad, se los recomiendo.

Pr. Homero Salazar
Coordinador de Evangelismo Asociación de Florida

Tu Ministerio en la Iglesia es una valiosa guía para quien busca comprender su propósito en la iglesia y descubrir el sentido de su vida mediante su ministerio personal. Cada capítulo de este libro nos recuerda que el creyente tiene una función específica en el cuerpo de Cristo, una misión que no depende de nombramientos humanos, sino de una relación íntima con Dios. Con consejos prácticos, el autor aborda cómo identificar y desarrollar ese ministerio, para mantenernos firmes en el servicio a pesar de los desafíos. Es una lectura didáctica y enriquecedora que motiva a cada cristiano a ser un miembro útil y activo en la misión divina.

Dr. Ricardo Bentancur
Director del Departamento Internacional de Pacific Press

El libro *Tu Ministerio en la Iglesia* es una guía práctica y motivadora que ayuda a los creyentes a descubrir, desarrollar y ejercer el ministerio personal al que Dios los ha llamado. Basado en sólidos principios bíblicos y experiencias pastorales, el autor invita a los lectores a entender la iglesia como un cuerpo donde cada miembro tiene una función específica. La obra subraya la importancia de los dones espirituales y cómo estos pueden usarse para fortalecer la comunidad de fe, destacando que el verdadero ministerio no depende de un cargo oficial, sino de una relación íntima y continua con Dios. Este libro es una herramienta esencial para quienes desean servir con pasión y propósito, convirtiéndose en agentes de cambio y bendición en la iglesia y en el mundo.

Dr. Elvis Díaz
Director de Promoción Internacional y Recursos Evangelísticos
Asociación Publicadora Pacific Press

Este libro es una guía clara y profunda para descubrir y ejercer tu ministerio en la iglesia. Con un enfoque práctico y bíblico, inspirará a cada creyente a servir con propósito y pasión al Señor.

Dr. Alejandro Morgado
Pastor Titular de Winter Park Spanish, Florida

El libro *Tu Ministerio en la Iglesia*, del Dr. Carlos Madrigal, es una obra enriquecedora que guía al lector en el descubrimiento y desarrollo del ministerio al cual Dios lo ha llamado. Con ejemplos bíblicos claros y testimonios actuales, el autor logra conectar verdades espirituales con situaciones reales, ofreciendo una lectura amena y accesible. Como alguien con experiencia en el liderazgo de ministerios, puedo afirmar que este libro es una bendición invaluable para todo cristiano, especialmente para quienes están iniciando su camino en el servicio cristiano, así como para aquellos que llevan tiempo sirviendo pero aún necesitan una orientación experta. Su enfoque práctico y espiritual lo convierte en una herramienta esencial que recomiendo a todo aquel que desee crecer en su llamado dentro de la iglesia.

Lcdo. Benjamín Antron Avila
Cofundador y Director Administrativo del Ministerio AME

Recomiendo *Tu Ministerio en la Iglesia* a todos aquellos que anhelan cumplir su propósito en la comunidad. Este libro, con su enfoque práctico y profundo, es clave para identificar tu ministerio y compartir el mensaje redentor de Cristo. Este libro te equipa con pasos claros para identificar tu ministerio, alimentar tu pasión ministerial y perseverar en el servicio. Una lectura esencial para quienes desean cumplir su propósito en el Reino de Dios y compartir el mensaje de salvación.

Pr. Luis E. Guadalupe García
Director de Ministerios Personales Asociación Puertorriqueña del Este

Este recurso es innovador no solo porque guía en el descubrimiento y desarrollo de los dones espirituales, sino que también conecta experiencias reales con la enseñanza práctica, integrando la tecnología para un aprendizaje dinámico y transformador.

Abiezer Rodríguez, M.P.Min. (Master of Pastoral Ministry)
Pastor Titular de Miami Spanish, Florida

Como pastor del distrito de Poinciana, recomiendo encarecidamente el libro *Tu Ministerio en la Iglesia*, de mi amigo el pastor Carlos Madrigal, una obra poderosa que da continuidad a *El Movilizador* y nos lleva un paso más allá en la misión de involucrar a cada creyente en su ministerio personal. Este libro será de gran bendición para la iglesia local, ayudando a cada miembro a descubrir su llamado, desarrollar sus dones y servir con pasión en el cuerpo de Cristo. Con una base bíblica sólida y herramientas prácticas, esta guía es imprescindible para quienes desean ver una iglesia más activa, comprometida y en movimiento. No te quedes fuera del plan de Dios para tu vida y ministerio, lee este libro y transforma tu iglesia desde adentro.

Pr. Rafael Escobar L., M. Div. (Master of Divinity)
Pastor Titular del Distrito de Poinciana, Florida

Recomiendo profundamente este libro del Dr. Carlos Madrigal. Es una valiosa herramienta para cada miembro de la iglesia. Es el plan de Dios para cada miembro de su iglesia.

Pr. Adelquis Álvarez, M.P.Min. (Master of Pastoral Ministry)

He tenido el privilegio de leer el manuscrito del pastor y maestro Carlos Madrigal. Hoy, más que nunca, la iglesia será bendecida y beneficiada al usar este material como una guía práctica, no solo para descubrir, sino también para potenciar nuestra misión y ministerio como discípulos de Jesucristo.

Heberto Barrera, M.Div. (Master of Divinity)
Pastor Titular de la Iglesia Central Nashville, Tennessee

El pastor Carlos Madrigal, en este excelente libro, nos propone verdaderamente qué es un ministerio, lo cual no es algo que se realiza esporádicamente, sino una actividad que llevamos a cabo continuamente, un estilo de vida.

Pr. Alain Toledo, M.P.Min. (Master of Pastoral Ministry)

Tu Ministerio en la Iglesia es una herramienta práctica y muy útil que te ayudará a descubrir los dones con que Dios te ha dotado y así cumplir con el ministerio, la misión de la iglesia y, más importante aún, el propósito de tu vida.

Oscar Tavera, M.P.Min. (Master of Pastoral Ministry)
Pastor Titular de Deltona Spanish, Florida

Alguien me dijo que la herramienta correcta puede facilitar el cincuenta por ciento de un trabajo. Como pastor de iglesia puedo afirmar que el libro que tienes en tus manos es la herramienta correcta que ayuda a los miembros y a los líderes de iglesia a encontrar y ejercer sus ministerios dentro del cuerpo de Cristo. El Dr. Carlos Madrigal pone a nuestra disposición esta investigación práctica, usando como base la iglesia cristiana del primer siglo, así como ejemplos contemporáneos. Espero que te sea útil y que encuentres tu ministerio para servir en tu iglesia.

Dr. Héctor García-Marín
Pastor Titular del Distrito de Owensboro, Kentucky

Leer en este libro frases como: "Dios no te tiene en cuenta solo para salvarte" o "un ministerio cristiano contribuye al cumplimiento de la misión" es una afirmación acertada del "qué" en el tema del ministerio de todos los creyentes. Pero la enorme contribución de *Tu Ministerio en la Iglesia* es, entre otras cosas, que nos guía de manera práctica y didáctica sobre el "cómo" en este tema tan vital y determinante. Sus ejercicios de repaso, sus testimonios, sus ejemplos y sus enlaces a vídeos relacionados lo hacen sumamente útil. Quiera el Señor Todopoderoso que muchas vidas sean "restauradas para servir y que sus respectivos ministerios sean parte de su proceso de restauración".

Sergio Monterroso, M.P.Min. (Master of Pastoral Ministry)
Pastor titular del distrito de Murfreesboro, Tennessee

TU MINISTERIO
EN LA IGLESIA
Cómo identificarlo
y potenciarlo
Carlos Madrigal

Título: Tu Ministerio en la Iglesia: Cómo Identificarlo y Potenciarlo.

El diseño de la portada fue creado utilizando la plataforma Canva: www.canva.com.

ISBN: 9798308720393

Impreso en los Estados Unidos de América por una publicadora independiente.

Febrero 2025

AGRADECIMIENTOS

Al escribir este libro, mi segunda obra, comprendí que no podía hacerlo solo. He tenido el privilegio de contar con un grupo de colegas y amigos, personas sumamente capaces, que me ayudaron de diversas maneras. A todos ellos deseo expresar mi más profundo agradecimiento.

En primer lugar, agradezco a Jesucristo, mi Salvador y Amigo fiel, el Gran Ministro, quien ha infundido en mí la pasión por ministrar y motivar a otros a hacer lo mismo. Su guía y amor han sido la fuente de inspiración para esta obra.

Extiendo mi gratitud a mi familia: mi esposa, mi hijo y mi nuera, quienes me han brindado su apoyo incondicional y ánimo en cada paso de este proceso. Su presencia y palabras de aliento han sido fundamentales para mí.

Varios pastores y reconocidos líderes tuvieron la amabilidad de leer el manuscrito y brindarme valiosas sugerencias y recomendaciones, mi más sincero agradecimiento.

También agradezco el valioso aporte de Silvia Patricia Medina y su esposo, Alexis Moreno, quienes contribuyeron con dedicación y creatividad a la producción del video promocional.

Finalmente, expreso mi más sincera gratitud a los ministros y miembros activos del cuerpo de Cristo que compartieron sus historias conmigo y me autorizaron a publicarlas. Sus experiencias y testimonios enriquecen profundamente esta obra y son una fuente de inspiración para muchos.

CONTENIDO

PROLOGO

Siempre me dije a mí mismo: "Nunca seré pastor". Al ver los desafíos ministeriales de mi pastor local, pensaba que sería mejor dedicarme a la ciencia. Lo veía trabajar día y noche, preparar sermones, liderar campañas evangelísticas y, sobre todo, reclutar laicos, una especialidad que ha definido su ministerio por años. Pero heme aquí, tres décadas más tarde, escribiendo el prólogo de su libro como colega en el ministerio pastoral y al servicio de Jesucristo, el Dios Altísimo.

El libro del Dr. Carlos Madrigal, *Tu ministerio en la iglesia*, es la continuación natural de su texto *El Movilizador: Cómo involucrar a los creyentes en la obra del ministerio.* Son como hermanos de diferentes edades, nacidos de un mismo propósito. El primer ejemplar, publicado en mayo de 2024, busca convencer y persuadir al creyente de que, como parte de la familia de Dios, tiene una responsabilidad. El discípulo no es una entidad aislada, sino que tiene una función, lo cual se traduce en darse y servir a la manera de Cristo, ejercitando y multiplicando sus dones espirituales. *El Movilizador* proporciona al líder espiritual los principios generales para involucrar a aquellos que están convencidos de su llamado, pero que aún no saben cómo iniciar su ministerio personal. Ahora, con *Tu ministerio en la iglesia*, el autor da un paso más al ofrecer una guía práctica para la identificación y desarrollo del ministerio laico, por lo que el lector encontrará en ambos ejemplares un complemento esencial.

Esta obra es un catalizador para servir a Dios con todo el ser, entregado a Cristo y su obra. Como podrá notar el lector, su fuente principal no radica en lo que otros escritores han dicho, sino en la vasta experiencia pastoral del autor, acumulada a lo largo de más de treinta años. Este enfoque hace que el libro sea altamente relevante por varias razones. En primer lugar, ayuda al creyente a diferenciar entre ministerio personal y ministerio público. El ministerio personal es inherente a la conversión; es el ejercicio natural del creyente que ha sido transformado por el sacrificio de Cristo. Se trata del don espiritual que el Espíritu Santo otorga a cada miembro de la iglesia, un don que fluye a través del creyente, pero que no le pertenece, pues es de Dios y para Su iglesia. En contraste, el ministerio público surge de la estructura formal de la congregación y se expresa a través de cargos o nombramientos. Aunque ambos están destinados al servicio, el autor enfatiza que se puede y se debe servir a Dios sin necesidad de un cargo formal.

En segundo lugar, el libro resalta el proceso de descubrimiento y activación de los dones espirituales dentro de la iglesia como una comunidad dinámica. Tanto el creyente como el pastor o líder local desempeñan un papel en este proceso: uno ejerce su don y el otro lo motiva a ponerlo en práctica. En tercer lugar, el texto desafía al lector a asumir el servicio a Dios como un estilo de vida y no como una actividad ocasional. Se trata de vivir aquí y ahora con la misma entrega con la que viviremos en la eternidad, uniéndonos al ministerio de los ángeles aun siendo nosotros seres mortales. Estoy convencido de que, al aplicar las enseñanzas de esta obra, el lector experimentará momentos inolvidables y profundamente significativos a la vista del cielo.

Muchos jóvenes fuimos motivados y movilizados por el servicio del autor de este libro. Algunos de nosotros respondimos al llamado del Señor al ministerio pastoral, y tenemos mucho que agradecerle a este pastor movilizador. La fundación de una escuela de entrenamiento laico en la iglesia de Santa Clara, Cuba, y el establecimiento de iglesias en Encrucijada, Manicaragua, Mataguá, Camajuaní y

Carmita, pueblos aledaños a Santa Clara, no fue fruto de un impulso humano, sino el resultado de una movilización efectiva bajo la guía del Espíritu de Dios y el liderazgo del autor.

Recuerdo el día en que iba bordeando el parque de mi ciudad natal con la bicicleta de la mano. Elevé una oración mental por unos minutos y, tres cuadras más adelante, al llegar a la iglesia, el pastor Madrigal me pidió conversar. Tenía un llamado para mí: servir como pastor laico en una de las iglesias recién establecidas. Si eso no es movilización avanzada, entonces no sé qué más podría ser. Este es un libro escrito por un movilizador de excelencia para movilizadores que buscan la gloria de Dios. Es un volumen para todos aquellos que desean colaborar con Dios en Su plan de salvación.

Este ejemplar debe convertirse en un texto de referencia, un recurso al que se acuda constantemente para avivar la pasión misionera y trabajar organizadamente, según el modelo divino. Una vez que inicies su lectura, subraya, haz gráficos, toma notas al margen y compártelo con otros. Como resultado, serás parte de un cuerpo en el que cada miembro cumple su ministerio y, muy pronto, llegará la gloriosa mañana del regreso de Cristo. ¡Maranatha!

Luis Amador Morales, DMin
Director Asociado del Doctorado en Ministerio
y Asesor de Tesis.
Universidad Andrews

INTRODUCCION

Jesús no te tiene en cuenta solo para salvarte, sino también para hacerte un miembro útil en su iglesia.

Escuché a un predicador contar la historia de un hombre que, de la noche a la mañana, se vio en desgracia: Su esposa le pidió el divorcio y producto de su situación fue despedido del trabajo en el cual se había desempeñado por treinta años. Para colmo, fue diagnosticado con cáncer. Aunque esta historia pareciera sacada de una película de terror, es real.

Piensa por un instante qué harías ante una situación como esa. Mientras piensas, te diré qué hizo este desafortunado caballero: Se dedicó a ayudar a los más desdichados que él. Se convirtió en un instrumento de Dios para servir a los demás, es decir, en un poderoso ministro de Dios.

Uno de los grandes aportes de Pablo a la misiología de la iglesia fue compararla con un cuerpo, al que llamó "el cuerpo de Cristo" (véase Ro. 12:4-5). Esta metáfora destaca que cada miembro debe ser consciente de que tiene una función específica, un ministerio dado por Dios, y que el ejercicio coordinado de esas funciones contribuye al crecimiento y edificación de todo el cuerpo.

Escribí este libro basado en esa convicción que Dios nos transmite a través de Pablo. Al leerlo, te darás cuenta de que eres una parte vital de la iglesia y que no has sido dejado fuera del gran plan misional de Dios (capítulo 1). En otras palabras, que Jesús no te tiene en cuenta solo para salvarte, sino también para hacerte un miembro útil en su iglesia.

Una de las mayores confusiones entre los creyentes sobre su función en la iglesia es creer que su ministerio se limita a alguna responsabilidad asignada por el pastor o una comisión. Permíteme aclarar que un ministerio, en esencia, es una actividad de larga duración, mayormente de por vida, por lo que un nombramiento no califica como tal, ya que es de carácter temporal (capítulo 3). Por supuesto, si la iglesia te nombra para desempeñar una responsabilidad, hazlo con alegría, así podrás imitar el ejemplo de Felipe, quien fue diácono y evangelista al mismo tiempo (capítulo 2).

Sin embargo, debes considerar que tu verdadera función en la iglesia no vendrá por un nombramiento humano. Sino que tendrás que descubrirla, lo cual será fruto de una relación íntima y continua con Dios. Es por eso que comparo el descubrimiento del ministerio personal con la concepción de un hijo muy deseado. Una vez que concibas y des a luz ese ministerio, lo amarás profundamente y lo ejercerás con pasión por el resto de tu vida. Dediqué dos capítulos (capítulos 4 y 5) a explorar la fascinante aventura de descubrir el ministerio al que Dios te llama.

¿Ministrar por el resto de mi vida? Sí, exactamente. ¿No es eso agotador? También debo responder que sí. Por eso, consciente de los desafíos que esto implica, incluí en el capítulo final, valiosos consejos para enfrentar los períodos difíciles en la vida ministerial (capítulo 6).

Querido lector, tienes en tus manos un libro que ha sido escrito con oración y con la firme convicción de que será de gran ayuda para ti que anhelas ser parte activa y valiosa del cuerpo de Cristo. Si al interactuar con sus páginas descubres tu ministerio o función en la iglesia, habré cumplido mi propósito. Que Dios te guíe y te fortalezca en esta emocionante jornada.

CAPITULO 1

La iglesia es un cuerpo donde cada miembro tiene una función

Desde el momento de tu bautismo, no solo fuiste salvado, sino que también Dios te hizo parte de su iglesia, un cuerpo vivo, en el que te ha asignado una función específica.

Si leíste el libro "El Movilizador: Cómo involucrar a los creyentes en la obra del ministerio", te diste cuenta de que Pablo llama a la labor de los miembros de la iglesia, "la obra del ministerio" (Ef. 4:12).

La obra del ministerio es el esfuerzo coordinado y constante de cada creyente, quien es parte del cuerpo de Cristo, que es la iglesia. Esto significa que, así como en un cuerpo todos los miembros trabajan en diferentes funciones, en el cuerpo de Cristo todos trabajan, desempeñando diversos ministerios.

Pablo aborda este tema tres veces en sus cartas: 1 Corintios 12, Romanos 12 y Efesios 4. Analicemos cada una de esas porciones para ver la base bíblica de los planteamientos anteriores.

1 Corintios 12: Cada creyente es miembro de un cuerpo y tiene un don espiritual

Después de su frustrante experiencia en Atenas, Pablo viajó a Corinto, donde conoció a Aquila y Priscila, un matrimonio que se convertiría en uno de sus colaboradores más activos. Todo parece indicar que, mientras él predicaba en esa ciudad, se hospedó en su casa. El resto es historia: pronto surgió la iglesia de Corinto.

El nacimiento de esta iglesia fue un milagro divino, pues no fue fácil llevar a la gente a Cristo en una ciudad tristemente célebre por su crasa inmoralidad. Alabo a Dios por el poder del Evangelio de Cristo, capaz de llegar a las almas sinceras, estén donde estén.

Sin embargo, también es cierto que el diablo no descansa en su intento de destruir lo que el Espíritu Santo construye, y su labor funesta se hizo notar en esta iglesia. Al poco tiempo, a Pablo le llegaron noticias sobre la situación caótica en la que había caído esa naciente iglesia. La primera carta a los Corintios fue el mensaje que el apóstol les envió con el propósito de poner en orden las cosas. Estos problemas podrían resumirse en siete puntos, siendo uno de ellos el de los dones espirituales.

¿Cuál fue el problema de los corintios con los dones espirituales? Que se había formado una especie de élite en la iglesia. Algunos creyentes les hacían ver a los demás que sus dones eran especiales, insinuando que con ellos la iglesia estaba completa y que, por lo tanto, los demás no eran necesarios, algo así como que fuesen espectadores pues solo a ellos les correspondía actuar. Esto causó gran descontento entre los considerados menos favorecidos, pues era como que si los dones que el Espíritu les había dado no sirvieran para nada.

Pablo entonces, utilizando el cuerpo de Cristo como ilustración de lo que es la iglesia, los exhortó a cambiar de actitud. Mira cómo lo hizo:

> Si el pie dijera: 'No formo parte del cuerpo porque no soy mano', no por eso dejaría de ser parte del cuerpo. Y si la oreja dijera: 'No formo parte del cuerpo porque no soy ojo', ¿dejaría por eso de ser parte del cuerpo? Si todo el cuerpo fuera ojo, ¿cómo podríamos oír? O si todo el cuerpo fuera oreja, ¿cómo podríamos oler? (1 Co. 12:15-17 NTV).

En otras palabras, que todos somos importantes en el cuerpo de Cristo. Además, Pablo les recalca que "a cada uno le es dada la manifestación del Espíritu para provecho" (v. 7). Notemos que dice "a cada uno", lo que implica que nadie se queda fuera. Recordemos que, desde el día en que fuimos bautizados, nos convertimos en parte de la iglesia con el propósito de edificarla mediante el ejercicio de nuestras funciones, es decir, poniendo en acción nuestros dones.

Observa cómo Pablo termina esta sección: "Pero todas estas cosas las hace uno y el mismo Espíritu, repartiendo a cada uno en particular como él quiere" (v. 11).

Sin embargo, el apóstol, convencido de que tener este conocimiento por sí solo no es suficiente para restaurar la unidad en la iglesia, declara que necesitamos aceptarnos mutuamente y trabajar juntos en amor para lograrlo. Pablo afirma que el amor es el "camino aún más excelente" para llevar a cabo un ministerio armonioso dentro del cuerpo de Cristo (v. 31). La razón es clara: Si no tengo amor, de nada vale que "repartiese todos mis bienes para dar de comer a los pobres, y si entregase mi cuerpo para ser quemado" (1 Co. 13:2).

Por supuesto, al enfatizar que todos somos importantes y que todo lo que hagamos contribuye al cumplimiento de la misión, además de que debe ser para el provecho de la iglesia, Pablo no nos da licencia para el descuido ni el estancamiento. Es por eso que, al finalizar este capítulo, puntualiza que debemos "desear encarecidamente los dones que son de más ayuda" (1 Co. 12:31 NTV). Con esto nos invita a vivir orando por dones que contribuyan mucho más al propósito que Dios tiene para su iglesia.

Ahora, ¿qué es un don espiritual? Ambas palabras son la traducción del término griego *charisma*, empleado casi exclusivamente por Pablo. Lo interesante es que esta palabra procede de *charis*, que es prácticamente el término más usado en la predicación del evangelio, y que se traduce como "gracia". Por tal razón, el término *charisma* podría ser traducido literalmente como "algo que es dado por gracia".

Aunque en la Biblia no encontramos una definición de este término, hay consenso en que un don espiritual es *una habilidad* con la cual desempeñar una función o ministerio. Por supuesto, el calificativo de "espiritual" enfatiza que esta habilidad será dada por el Espíritu Santo, como Pablo lo deja claro.

Además, la conexión de *charisma* con *charis* nos indica que esa habilidad que se nos concede no podrá ser reclamada como nuestra, sino que nos es dada por el mismo Espíritu. Así como la persona que es salvada por gracia no puede reclamar méritos propios en su salvación, la persona que recibe un don espiritual no debería adjudicarse la gloria de su desempeño, puesto que reconoce que no tiene las habilidades necesarias para ejecutar eficientemente semejante tarea o simplemente, que la tarea está por encima de sus habilidades, por lo que lo hará por la gracia y el poder de Dios.

Con lo anterior en mente es que podemos entender que, por ejemplo, cuando Moisés recibió la encomienda para ir a liberar al pueblo de Israel de la esclavitud de Egipto, le costó creer que realmente podría llevar a cabo esta tarea. Una experiencia similar la tuvo el apóstol Pablo. Mira lo que él declaró en Efesios 3:8:

> Aunque soy el menos digno de todo el pueblo de Dios, por su gracia él me concedió el privilegio de contarles a los gentiles acerca de los tesoros inagotables que tienen a disposición por medio de Cristo. (NTV).

Tenlo presente: Jesús te ha llamado a ministrar, pero no de forma independiente, sino formando parte de un cuerpo de creyentes y dándote el charisma para que puedas ser efectivo.

Romanos 12: Tu don-ministerio

Si bien en 1 Corintios 12 el apóstol Pablo enfatiza que todos somos importantes en el cuerpo de Cristo y que el Espíritu lo ha dejado claro al darnos un don espiritual, en Romanos 12 se enfoca en que cada uno tiene su propia función, es decir, su ministerio. Para él no existe tal cosa como tener un don y no ejercerlo.

Veamos cómo son presentados los ministerios en Romanos 12. Todo comienza con la expresión: "no todos los miembros tienen la misma función" (v. 4). Lo que Pablo nos dice aquí es que, aunque nuestras funciones son diferentes, Dios nos ha dado a todos un ministerio, o lo que es lo mismo, una función. Esto lo ilustra con el don de profecía, al declarar que quien lo posea debe ejercerlo (v. 6). Otro ejemplo es cuando menciona el don de presidir, añadiendo que lo haga "con solicitud" (v. 8).

Pablo deja claro que, así como el cuerpo humano está vivo porque todas sus partes funcionan, también la iglesia mostrará que está viva cuando sus miembros desempeñan sus diversos ministerios. Por lo tanto, cada uno de nosotros tiene la oportunidad y el deber de colaborar con la vida de la iglesia al ministrar.

Cuando ejerzo mi ministerio sin integrarme a la iglesia, como un cuerpo, corro el riesgo de acarrear serios problemas, tanto para la iglesia como para mí mismo. Un ejemplo de esto fue la situación que vivió la iglesia de Corinto. Esta comunidad de creyentes tenía a un grupo de "estrellas" actuando, mientras que la inmensa mayoría se limitaba a ser espectadores. Esto es tan común hoy en día que se ha desarrollado una cultura de espectadores, donde las "súper estrellas" son las únicas que participan.

Si bien es cierto que en un cuerpo hay "súper estrellas", ellas no deben opacar el brillo de las "estrellitas". Además, en una iglesia saludable, incluso aquellos que al principio son considerados "estrellitas" pueden llegar a ser también "súper estrellas". Es decir, todos tienen el potencial de crecer y destacarse en su servicio y compromiso con la comunidad.

Lo maravilloso del cuerpo de Cristo es que en él se trabaja para que todos participen en el ministerio, de modo que los que no están activos sean animados a hacerlo. Además, se buscan nuevos obreros y se los entrena para que desempeñen bien su labor. Una iglesia así es una iglesia saludable.

Es crucial la exhortación que el apóstol hace a los cristianos romanos, y por extensión a nosotros, a ser "diligentes, no perezosos, fervientes en espíritu y sirviendo al Señor con entusiasmo" (v. 11).

Notemos que, según Pablo, ser *diligentes* es no ser *perezosos*. La palabra griega original, traducida como perezosos, es *okneros*, la cual se usa dos veces más en el NT[1]. Una de esas ocasiones la encontramos en Mateo 25:26, donde un siervo recibe el triste calificativo de "perezoso, malo y negligente". Él fue negligente al no cumplir con su encargo. Considerando esto, podemos entender que Pablo nos exhorta a cumplir fielmente con nuestra función ministerial.

[1] Véase Mt. 25:26; Flp. 3:1.

Tenlo presente: Desde que nos convertimos en miembros del cuerpo de Cristo, tenemos una función que realizar. No existe tal cosa como ser parte de este cuerpo y permanecer en ociosidad; se requiere diligencia de cada uno de nosotros.

Efesios 4: La función del pastor

En Efesios 4, el apóstol Pablo, fundador de esta comunidad de creyentes, también recurrió a la metáfora del cuerpo de Cristo para ilustrar la función de la iglesia. Veamos cómo lo hizo:

> [11] Él mismo constituyó a unos como apóstoles; a otros, profetas; a otros, evangelistas; y a otros, pastores y maestros, [12] a fin de capacitar al pueblo de Dios para la obra de servicio, para edificar el cuerpo de Cristo. [13] De este modo, todos llegaremos a la unidad de la fe y del conocimiento del Hijo de Dios, a una humanidad perfecta que se conforme a la plena estatura de Cristo.[14] Así ya no seremos niños, zarandeados por las olas y llevados de aquí para allá por todo viento de enseñanza y por la astucia y las artimañas de quienes emplean métodos engañosos. [15] Más bien, al vivir la verdad con amor, creceremos hasta ser en todo como aquel que es la cabeza, es decir, Cristo. [16] Por su acción todo el cuerpo crece y se edifica en amor, sostenido y ajustado por todos los ligamentos, según la actividad propia de cada miembro. (NVI).

Según lo podemos apreciar, Pablo aquí compara a la iglesia con un cuerpo, al que llama el "cuerpo de Cristo" (v. 12). Realmente esto también lo hemos visto en las otras referencias paulinas donde él trata el tema de los dones espirituales. Pero aquí él agrega otros detalles, entre ellos la expresión "la obra del ministerio" y la función de los pastores.

Recordarás que en Romanos 12, Pablo enfatiza que el ministerio al cual hemos sido llamados es nuestra función en el cuerpo de Cristo. Sin embargo, en Efesios 4 añade que, para que esa obra sea efectiva, los creyentes deberán ser capacitados o equipados por sus pastores y que, una vez que estén listos, esa labor deberá ser coordinada también por ellos.

Esto significa que, si esperamos que en tu iglesia, por ejemplo, cada persona descubra su ministerio y lo ejerza, será porque el pastor, o en su lugar, algún otro líder, se levante para llevar a cabo esta doble labor: capacitación y coordinación.

Por lo que la primera razón para la cual Jesús les regala los pastores a su iglesia es para *perfeccionar*, es decir, *capacitar*, a los creyentes para que ministren (véase Ef. 4:12). Esta palabra ha sido traducida del griego *katartismos*, que significa "*perfeccionamiento, equipamiento, capacitación*"[2].

Es hermoso el aporte de William Barclay a una mejor comprensión de esta palabra griega. Él afirma que ella "viene de un verbo que tiene dos usos en los documentos del tiempo de Pablo", uno de ellos está relacionado con

[2] Tuggy, A. E. (2003). En *Lexico griego-español del Nuevo Testamento, diakonia*, (p. 513). Editorial Mundo Hispano.

"un procedimiento quirúrgico" como, por ejemplo, "atender a un miembro del cuerpo que ha sido fracturado"[3].

A propósito, en Gálatas 6:1, Pablo usa la palabra *katartizō* para decirnos que debemos *restaurar* al hermano en la fe que haya caído en pecado. Esta palabra griega proviene de la misma raíz que *katartismos.*

El apóstol especifica que tal persona deberá ser corregida "con espíritu de mansedumbre". Daniel Carro afirma que cuando Pablo la usó, lo hizo pensando en "la tarea de hacer que los miembros que habían salido de una vida equivocada fuesen acondicionados y equipados adecuadamente para servir al Señor"[4].

Es interesante resaltar que *katartizō* también se usa en el NT para remendar las redes que se dañaron por el roce con las piedras y los peces (véase Mr. 1:19). ¿Lo notaste? Se trata de no echar a los miembros del cuerpo que, de momento no están aptos para ministrar, sino remendarlos, restaurarlos, de tal manera que puedan regresar a la labor. Sí, los pastores son llamados a hacer eso. Sin embargo, veo con tristeza que, en el cuerpo de Cristo, muchas veces *eliminamos* al miembro que está enfermo.

¿Cuándo fue la última vez que sufriste una lesión en alguna parte de tu cuerpo? ¿Recuerdas que esa parte del cuerpo quedó inutilizada por un tiempo? Estoy seguro de que hiciste algo para restaurarla. No te la cortaste, ¿verdad? Pues eso es *katartizō.* La invitación de Pablo es que hagamos eso mismo con los miembros de la iglesia que hayan quedado inutilizados por algún pecado. Con tristeza veo que algunos hermanos, porque un día cometieron cierto pecado, han quedado inutilizados, prácticamente de por

---

[3] *Ibíd.*

[4] Carro, D., Poe, J. T., Zorzoli, R. O., y Editorial Mundo Hispano. (1993). *Comentario Bíblico Mundo Hispano: Éxodo* (1. ed.), p. 174. El Paso: Editorial Mundo Hispano.

vida. Tal acción no es compatible con la enseñanza de que la iglesia es un cuerpo y que cada miembro en un miembro importante de él.

Muchos creyentes no se involucran en *la obra del ministerio,* unos porque están atrapados en sus pecados, y otros porque tienen vacíos en sus vidas espirituales. Algunos de esos vacíos pueden deberse a una u otra situación traumática que hayan sufrido. Entonces, cuando el buen pastor se percata de esa situación, los tomará con paciencia y amor, sanando sus heridas. Esto es *katartismos*, esto es volverlos a activar en el cuerpo de Cristo. Daniel Carro lo presenta de manera bien puntual: "Todos los santos (los creyentes) deben ser equipados para algún aspecto de la obra del ministerio, o sea, para el servicio cristiano"[5].

En Efesios 4 encontramos la segunda razón por la cual Dios les regala los pastores a su iglesia, y es para *coordinar su crecimiento.* Esto lo vemos en el versículo 16, donde Pablo enfatiza que "todo el cuerpo, bien concertado y unido entre sí por todas las coyunturas que se ayudan mutuamente, según la actividad propia de cada miembro, recibe su crecimiento para ir edificándose en amor". Esta idea él ya la había planteado en Efesios 2:21, al afirmar que "el edificio, bien coordinado, va creciendo para ser un templo santo en el Señor".

Me resultó curioso que, en Efesios 4:16, Pablo dice que los pastores *conciertan* la obra del cuerpo, que es la iglesia y en 2:21 declara que la *coordinan.* Quiero resaltar que estas dos palabras no son actividades diferentes, sino que

[5] *Ibíd.*, p. 174.

es una misma, ya que en ambos casos Pablo empleó el mismo término griego[6].

Con toda esta información, podemos llegar a la conclusión de que los pastores han sido dados a la iglesia para que la ayuden a estar activa en *la obra del ministerio*, esto lo lograrán al *capacitar (equipar)*, es decir, al ayudar a cada creyente a superar lo que les impide involucrarse. Además, los pastores también *coordinarán* el ministerio, esto significa que, con la sabiduría que les dará el Espíritu, podrán organizar de tal manera el accionar ministerial que esa labor será semejante a la de un cuerpo en perfecto funcionamiento.

Ejercicios de Repaso

1. **Pregunta de reflexión:**
    - Según lo aprendido, ¿por qué es importante que cada miembro de la iglesia participe activamente en el ministerio?
2. **Comprensión de conceptos:**
    - Define con tus propias palabras qué significa "la iglesia como cuerpo de Cristo".
3. **Estudio bíblico:**
    - Lee 1 Corintios 12:12-27. Identifica y explica cómo Pablo compara a la iglesia con

[6] *Sunarmologeo.*

el cuerpo humano. ¿Qué mensaje crees que transmite esta comparación?

4. **Identificación personal:**
   - Escribe una lista de los dones o habilidades que crees que Dios te ha dado. ¿Cómo podrías usarlos en el ministerio?
5. **Aplicación práctica:**
   - Observa en tu iglesia o comunidad áreas donde hay necesidad de servicio. ¿En cuál de ellas podrías involucrarte para contribuir al bienestar del cuerpo de Cristo?
6. **Discusión en grupo:**
   - Reúnete con otros miembros de tu iglesia y hablen sobre la importancia de trabajar juntos como un cuerpo. ¿Qué ideas surgen para mejorar la participación de todos en el ministerio?
7. **Desafío:**
   - Ora y pide dirección a Dios sobre cómo descubrir tu función específica en la iglesia. Durante la semana, anota cualquier impresión o idea que surja sobre cómo podrías servir.

CAPITULO 2

Me asignaron una función en la iglesia, ¿será esta mi ministerio?

Estoy convencido de que si los líderes cristianos le permitieran a Jesús, a través del Espíritu Santo, dirigir la iglesia, seríamos testigos de más ministerios personales llevando a cabo actividades que hoy requieren de un nombramiento para que se realicen.

Es el último trimestre del año y en la iglesia comienzan los nombramientos de los líderes para el nuevo período. Se ha elegido una comisión que se encargará de este trabajo. Este proceso se repite cada año.

Aunque es bíblico que se hagan nombramientos en la iglesia, como lo veremos en este capítulo, la mayoría de los creyentes cree que la única manera de ser útiles al Señor es siendo nombrados para desempeñar determinada función. La idea de que si no me nombran me están dejando sin algo que hacer para Dios, como también su contraparte, que lo único que hay que hacer en la iglesia es cumplir con la función que me asignen, es otro de los problemas de esta forma tradicional de pensar.

Por otro lado, la Biblia es clara al afirmar que la labor de los creyentes, la cual Pablo denomina la obra del ministerio, consiste en que cada uno ejerza el ministerio al que Dios le llamó y esto no tiene nada que ver con los nombramientos, pues es el resultado de un proceso entre Dios y el creyente, aunque los pastores y líderes movilizadores son de ayuda vital en el mismo. En los capítulos 4 y 5 te brindo las herramientas para que entres en este proceso.

Por lo tanto, cada miembro del cuerpo de Cristo tiene un ministerio que ejercer, el cual no dependerá de un nombramiento. Entonces, ya sea que el creyente sea nombrado para desempeñar un cargo o no, no le preocupará, pues él ya está ocupado en el servicio del Señor. Pero creo no errar al afirmar que lo que acabo de expresar no ha sido comprendido por la mayoría de los cristianos hoy.

Un día, luego del servicio de adoración, se me acercó una dama para decirme que había regresado, después de haberse ausentado por varios años. Luego de una breve pausa, agregó que la razón por la cual se había ido era porque nunca le ofrecieron qué hacer. Finalmente, confesó que no soporta estar inactiva. El mensaje me quedó claro: *Si lo antes posible no le ofrecemos qué hacer, ella se volverá a ir.* La manera de pensar de esta dama pone de manifiesto que la iglesia debería ser educada y concientizada al respecto.

Quiero dejar claro que yo creo que los nombramientos son bíblicos y que la iglesia debe tener oficiales nombrados, por lo que te invito a que le demos un vistazo a los nombramientos en la Iglesia Apostólica.

Nombramiento de diáconos y diaconisas

Los diáconos y las diaconisas fueron los primeros nombramientos registrados en la Iglesia Apostólica.

Aunque la palabra *diácono* no aparece en Hechos 6[7], Nichol plantea que "este grupo fue el prototipo, más tarde, de la orden de los diáconos"[8]. Por lo que el oficio de "servir a las mesas" (v. 2) nos da una pista de la necesidad del diaconado en la congregación.

Al principio, los apóstoles se encargaban de todo, pero al ver los problemas que surgieron, solicitaron que la iglesia eligiera a siete diáconos. Sí, los diáconos surgieron, como McGee lo afirma acertadamente, para manejar "los asuntos materiales de la iglesia"[9]. Pero, con todo, notemos que se requería que ellos estuvieran "llenos del Espíritu Santo" (v. 3), lo cual indica, como bien lo subraya Bailey, que eran "los asistentes de los pastores, dirigidos por el Espíritu"[10].

Me gustó como Walvoord sintetiza la labor de los diáconos: "La función de ellos es llevar a cabo, bajo la supervisión de los ancianos, algunas de las tareas menos deseadas de la iglesia, de manera que los ancianos puedan centrar su atención en cosas más importantes"[11].

---

[7] "Pensamos que el relato de Hechos 6 ofrece la ocasión en que comenzó el oficio de diácono en la iglesia primitiva. Sin embargo, la palabra griega para diácono ni siquiera se usa allí. Pero estoy seguro de que tenemos bases bíblicas para decir que esos hombres estaban siendo nombrados diáconos en la iglesia". McGee, J. V. (1997). *Thru the Bible Commentary* (electronic ed., Vol. 5, p. 443). Thomas Nelson.

[8] Nichol, F. D., ed. (1980). *The Seventh-Day Adventist Bible Commentary* (Vol. 6, p. 26). Review and Herald.

[9] McGee, p. 25.

[10] Bailey, M., Constable, T., Swindoll, C. R., & Zuck, R. B. (1999). *Nelson's New Testament Survey: Discover the background, Theology and meaning of every book in the New Testament*, p. 467. Word.

[11] Walvoord, J. F., & Zuck, R. B. (Eds.). (1995). *El conocimiento bíblico, un comentario expositivo: Nuevo Testamento, tomo 1: San Mateo, San Marcos, San Lucas* (p. 308). Puebla, México: Ediciones Las Américas, A.C.

Sin embargo, Orth lo trae a nuestros días de la siguiente manera:

> Hechos 6 dice que los diáconos fueron nombrados para ayudar a los apóstoles, para que éstos pudieran dedicar su tiempo a la oración y la predicación de la palabra de Dios. Ese pasaje sugiere que los líderes principales de la iglesia (los ancianos-obispos-pastores) pueden delegar en los diáconos los ministerios como de finanzas, edificios, equipo, visitación, ayuda social, etc.[12]

¿Y qué con respecto a las diaconisas? Aunque no tenemos informe bíblico de cómo fueron nombradas, lo cierto es que ellas son mencionadas. Por ejemplo, tenemos el caso de Febe, a quien Pablo recomienda a la iglesia en Roma, al afirmar que ella "es diaconisa de la iglesia en Cencrea" (Ro. 16:1). Soy testigo de cómo las diaconisas realizan un lindo ministerio con los enfermos y necesitados de la iglesia.

Nombramiento de ancianos

Es interesante notar que Pablo vio bien que los creyentes deseen ser obispos (véase 1 Ti. 3:1). ¿Qué es un obispo? Esta palabra es traducida del griego *episkopos* y es una de las usadas en el NT para referirse a los líderes, entre ellos los ancianos.

---

[12] Orth, S. (1996). *Estudios Bíblicos ELA: Una iglesia ejemplar* (1 Timoteo), p. 65. Ediciones las Américas, A. C.

Es bueno señalar que los ancianos neotestamentarios fueron designados por el mismo Pablo o por sus asistentes, quienes pastoreaban las iglesias durante cierto tiempo[13]. Por supuesto, que cuando él nombraba a un anciano era porque tenía el consenso de la congregación, y porque esa persona gozaba de una reputación favorable en su comunidad de creyentes[14].

La Iglesia Apostólica promovía los ministerios personales

Aunque en la Iglesia Apostólica la necesidad dio lugar a nombramientos, como los diáconos y los ancianos, no fue esto algo constante. Por ejemplo, otra necesidad que tuvo esta iglesia fue la de *proveer hospedaje* para los evangelistas y apóstoles que andaban cumpliendo su ministerio. Es interesante notar que no hay registro de que se nombrara a alguien como *director de hospedaje.*

Aunque se esperaba que los ancianos fuesen hospedadores, Dios levantó personas que descubrieron que Dios los llamaba a hospedar y sus ministerios fueron de gran ayuda para la creciente iglesia. Son varios los ejemplos que podemos mencionar, siendo uno de ellos el de Lidia, la vendedora de púrpura, quien se ofreció para hospedar a Pablo (Hch. 16:15, 40).

El que la Iglesia Apostólica no nombrara a un director de hospedaje, siendo esta una necesidad importante en ese tiempo, indica que *no había mucho interés en aumentar la*

[13] Véase Hch. 14:23; Tito 1:5.
[14] Véase 1 Ti. 3:1-7; Tito 1:5-16.

lista de oficiales, muy probablemente para no afectar el tiempo que los creyentes utilizaban en la obra del ministerio.

Estoy convencido de que, si los líderes cristianos le permitieran a Jesús, a través del Espíritu Santo, dirigir la iglesia, seríamos testigos de más ministerios espontáneos llevando a cabo actividades que hoy requieren de un nombramiento para que se realicen[15].

A continuación, te mostraré algunas situaciones en las cuales los ministerios personales interactúan con los nombrados por la iglesia, es decir, los oficiales. Por lo menos, te mostraré cuatro casos:

1. Cuando tus muchas tareas en la iglesia te impiden ministrar.
2. Cuando estás ocupado en tu ministerio y te nombran para ejercer cierta responsabilidad.
3. Cuando tu nombramiento y tu ministerio coinciden.
4. Cuando tu ministerio personal lo incorporan a la estructura oficial de la iglesia.

Cuando tus muchas tareas en la iglesia te impiden ministrar

Quiero presentarte el caso de Ariel, un discípulo de Cristo que vive y sirve al Señor en la ciudad norteamericana

[15] Para más detalles, véase el capítulo 4 del libro El Movilizador, de este mismo autor, donde se abunda en este tema.

de Jacksonville, en el estado de Florida. Él llegó a estar tan ocupado en responsabilidades nombradas por la iglesia que nunca tuvo tiempo para, ni siquiera, pensar en tener un ministerio personal o espontáneo.

Ariel creció en una familia en la cual casi todos sus integrantes son líderes muy destacados en la iglesia. Esto fue, por mucho tiempo, motivo de orgullo para él. Un día, él también fue llamado al liderazgo y lo asumió con toda pasión. Pero, con el tiempo, llegó a sentir que ejercerlo era un estorbo para su vida y su familia.

¿Las razones? Tener que pasar horas interminables en reuniones administrativas y, por lo tanto, sacrificar a su familia, la cual se estaba privando de un padre y un esposo para compartir, crecer, estrechar relaciones y crear lindos recuerdos. Él me comentó que cuando llegaba el fin de semana, en vez de sentir regocijo, sentía un gran pesar.

Para que tengamos una idea, él afirma que, en ocasiones, regresaba el viernes en la noche o sábado de madrugada de su trabajo para enfrentarse a un largo día de actividades y reuniones. En esas ocasiones, siempre se acordaba de su padre cuando hablaba de las delicias del sábado que menciona el profeta Isaías (véase 58:13) y se preguntaba a sí mismo: ¿Dónde está esa delicia? ¿Cómo podré hacer realidad este texto en mi vida? Producto de su proceso con el Señor, Ariel se reencontró con Jesús.

Gracias a su renacer espiritual y al tiempo extra que ahora posee, Ariel creó un ministerio llamado "Vívela con él", donde cada semana, de lunes a viernes, comparte pequeñas reflexiones, de unos diez minutos, en las cuales muestra cómo caminar con Jesús. Él testifica con gozo que Dios le ha regalado la oportunidad de ser escuchado en más de 60 países, en cinco continentes.

Por supuesto, agrega que *ese ministerio le ocupa mucho tiempo* (tiempo para el estudio, la escritura, la grabación, la edición y compartir la reflexión a través de diversas plataformas digitales). Pero lo más importante para él, según resalta, es el gozo que tiene de compartir a Jesús y poder ser de bendición para miles de personas en distintas partes del mundo. Además de estar ejerciendo el ministerio que Dios le asignó.

Sorprendentemente, Ariel volvió a aceptar el desafío de colaborar en el liderazgo de la iglesia, pero aclara que *ahora es diferente*, pues mantiene su ministerio y no pierde de vista a su familia. Finalmente, me dijo que la relación con Jesús y su presencia en su vida es el motor que lo impulsa, lo equilibra y lo fortalece para bendecir a otros a través de su ministerio.

De Ariel podemos aprender que tener poco tiempo es muchas veces relativo, pues cuando llegamos a conocer a Jesús, todas las cosas ocupan su lugar. Sí, conocer a Jesús fue para él la clave para recuperar la felicidad familiar y descubrir su ministerio.

Código QR donde el lector podrá tener acceso al video en el que Ariel Delgado cuenta su experiencia.

Cuando estás ministrando y te nombran para ejercer cierta función

En el NT podemos encontrar el caso de Felipe, quien estaba lleno del Espíritu Santo cuando fue nombrado diácono. ¿Podríamos pensar que alguien lleno del Espíritu Santo haya estado ocioso, es decir, sin desempeñarse en un determinado ministerio al cual el mismo Espíritu que lo dirigía lo hubiera llamado? Aunque su ministerio como evangelista se potenció luego de la persecución acaecida a raíz de la muerte de Esteban, es perfectamente creíble que Felipe ya se desempeñaba, al igual que Esteban, como evangelista cuando fue nombrado diácono.

¿Cumpliría Felipe su responsabilidad como diácono? Por supuesto que sí. ¿Dejaría Felipe su ministerio personal porque ahora tenía una responsabilidad en la iglesia? Por supuesto que no. Para que tengamos una idea: Casi terminándose el libro "Hechos de los Apóstoles", unos veinte años después de su nombramiento como diácono, Lucas nos informa, muy a propósito, que Felipe seguía siendo "evangelista" (Hch. 21:8).

Querido lector. Cuando el Espíritu Santo nos posee, nos hace discípulos comprometidos, de modo que se nos hará difícil negarnos ante una necesidad real de la iglesia. Por lo que muchos creyentes que están inmersos en sus ministerios serán llamados a ejercer responsabilidades en la iglesia. En tales casos te invito a que imites a Felipe.

Glenda Andino

Glenda es una fiel discípula que vive en el estado de Pennsylvania. Ella dirige un ministerio que se llama *Guerreras de Oración*, y lo ejerce a través de un chat de WhatsApp. Esta guerrera se levanta a las 5:00, de lunes a viernes, y le envía una oración grabada a más de cien personas en diversas partes del mundo. En su tiempo de oración ella intercede ante Dios por las diversas peticiones que le hacen llegar.

Por mucho tiempo ella no fue nombrada para desempeñar responsabilidades en su iglesia, pero cuando la entrevisté, ella había recibido una invitación para ser la *directora del ministerio de damas*, un ministerio que es nombrado por una comisión[16]. Ella reconoce que su ministerio, el de guerreras de oración, se lo dio Dios y está comprometida y animada a ejercerlo mientras tenga fuerzas, por lo que no dejará de ministrar por haber aceptado ese cargo. ¿Cuál es su plan? Pues, en sus propias palabras: "compaginar" su cargo con su ministerio.

Código QR donde el lector podrá tener acceso al video con la entrevista que le hice a Glenda Andino.

[16] Este ministerio no es un *ministerio personal*, pues está sujeto a un nombramiento anual.

Cuando tu nombramiento y tu ministerio coinciden

Si bien es cierto que la función o ministerio que Dios nos da no será el nombramiento que una comisión de la iglesia nos asigne, tal nombramiento podría coincidir con nuestro ministerio. Para ilustrarlo, quiero presentarte el impactante testimonio de los esposos Andy e Itait, miembros de mi iglesia en Melbourne, Florida.

Andy e Itait

Andy e Itait Almanza son ministros de la música y por casi tres años dirigieron este ministerio en la iglesia hispana de Melbourne. Cuando le pedí a ella que escribiera la historia ministerial de ellos, con gusto, y de manera expedita, me envió lo que a continuación leerán.

Desde muy pequeña aprendí a amar a Dios. Mis padres fueron muy cuidadosos en este sentido, y mis recuerdos de infancia están llenos de imágenes de ellos dirigiendo la alabanza en nuestra iglesia. Mi mamá solía despertarnos y acostarnos con himnos, y en casa de mis abuelos era común escuchar a mi abuelito tocar la guitarra mientras mi abuelita cantaba al amanecer. La música no solo formó parte de mi familia, sino que se convirtió en el puente que conectó mi vida espiritual con Dios.

A través de la música, aprendí a hablar con Jesús y a escucharle. Desde niños, mis hermanos y yo participábamos en grupos musicales de nuestra iglesia. A los 10 años comencé a cantar como solista, contribuyendo en nuestra congregación y en iglesias cercanas.

A los 18 años, fui llamada a formar parte del grupo musical VAE (Voces de Amor y Esperanza), dirigido por el pastor y músico Isidro Juárez Ortiz. Este fue un momento decisivo en mi vida. Oré y ayuné junto con mi mamá para discernir si esta era la voluntad de Dios, pues aceptar esta invitación implicaba dejar mi hogar, mudarme a 13 horas de distancia a un lugar donde no conocía a nadie y embarcarme en algo que nunca había hecho. Aunque mis padres tenían sus reservas, mi mamá sintió que esta experiencia me haría crecer tanto personal como espiritualmente.

Con su apoyo, me mudé y viví con una familia que me enseñó lo necesario para servir a Dios a través de la música. Durante esos años aprendí sobre postura, respiración, técnica vocal, desarrollo auditivo y presencia en el escenario. Sin embargo, lo que más atesoré fueron los devocionales, donde entendí cómo la música es esencial en la iglesia y cómo el Señor se deleita en nuestras alabanzas.

Tras seis años, me fui a vivir con mis padres a Florida, donde continué desarrollando mi ministerio musical como solista y ayudando a otros a cultivar sus talentos.

En el año 2020, la pandemia del Covid-19 nos impulsó a reactivar VAE, pese a la distancia entre los integrantes. Grabamos nuevamente como un recordatorio de que este ministerio no nos pertenece a nosotros, sino al Señor.

Pero mi ministerio no sería hoy el mismo si no hubiera conocido a quien, desde el año 2011, es mi esposo, Andy Almanza. Puedo decir que Dios me unió a alguien que comparte mi pasión por el ministerio musical. Mi esposo, también cantante y músico, creció en una familia adventista que fomentó su amor por la música desde niño. Ambos habíamos pedido a Dios un cónyuge que comprendiera la importancia del ministerio y pudiera apoyarnos en este llamado. El Señor respondió nuestras oraciones, y juntos hemos desarrollado ministerios como Chosen4Christ, Homebound, Purified Worship, entre otros.

En 2014, nos mudamos a Melbourne, Florida, donde se encuentra mi antigua iglesia, la Iglesia Hispana de Melbourne. Allí, con otros amigos, formamos el ministerio Purified Worship, con el propósito de predicar el evangelio a través de la música.

Durante tres años, también tuve el privilegio de servir como directora de música en mi iglesia local. Antes de aceptar ese cargo, mi esposo y yo oramos y ayunamos para confirmar que era un llamado de Dios. Este ministerio implicó mucho trabajo, pero también grandes satisfacciones. Nos esforzamos no solo en enseñar técnicas musicales, como vocalización, postura, y desarrollo auditivo, sino también en guiar a cada participante a cultivar una relación personal con Dios.

¿Por qué? Porque no podemos cantar ni ministrar acerca de alguien que no conocemos. Como ministros de música, nuestro trabajo es guiar a la congregación en alabanza y adoración, formando un triángulo perfecto: de Dios hacia nosotros, de nosotros hacia la congregación y de la congregación de regreso a Dios.

El ministerio comienza con nuestra relación personal con Cristo. A medida que profundizamos en esta relación, el servicio deja de ser una tarea y se convierte en una misión. Isaías 6:8 expresa nuestro deseo como matrimonio y ministerio: *"Heme aquí, envíame a mí"*.

Código QR donde el lector podrá tener acceso al video con el testimonio ministerial de Itait y Andy Almanza.

Leticia Cervantes

Leticia Cervantes es una discípula muy dinámica que sirve al Señor en el estado de Kentucky. La conocí en un seminario de Movilización que impartí en la iglesia de Lexington, en el mencionado estado norteamericano. Ella ministra como intercesora de oración y se prepara para ser capellana voluntaria, pues quiere ser de bendición para los enfermos que están hospitalizados. De esta forma sabe que no tendrá impedimentos para ministrar. Como parte de su ministerio de oración, ella planea ayudar a los niños a orar.

Leticia supo que Dios la llamaba a desempeñar el ministerio de oración mediante un proceso. Todo comenzó al ella sentir que no podía seguir en la condición en la que estaba. Ella era líder en su iglesia, pero sentía que Dios la llamaba a algo más. Ella cuenta que le pidió a Dios que le mostrara en qué le podía servir. Entonces Dios lo hizo. Su caso no es muy común, pues fue a través de un nombramiento oficial, para dirigir el ministerio de oración de la iglesia que ella descubrió que no se trataba de un cargo, sino de un ministerio personal que, por ahora, coincidía con su nombramiento.

Código QR donde el lector podrá tener acceso al video con la entrevista que le hice a Leticia Cervantes.

Cuando tu ministerio personal lo incorporan a la estructura oficial de la iglesia

También sucede que ministerios exitosos, desempeñados por miembros de iglesia comprometidos, muchas veces son agregados a la estructura oficial de la iglesia. Este es el caso de María, miembro de una iglesia en Arkansas.

María, de Arkansas

María es una fiel discípula en el estado de Arkansas y su ministerio consiste en atender a los nuevos conversos. Ella comenzó a ejercer este ministerio al ver que en su iglesia no había un plan para ayudarlos a crecer en Cristo. Fue tan impactante su labor, que, al siguiente año la iglesia hizo de su ministerio una responsabilidad oficial de la iglesia y la nombró a ella para que dirigiera ese ministerio. Ella aceptó, por lo que ahora tenía un ministerio que coincidía con su nombramiento.

Dos años después, la iglesia nombró a otra persona para dirigir esa función, pero María continuó ejerciendo su ministerio personal.

Ejercicios de Repaso

1. **Reflexión personal:**

    - ¿Qué diferencia existe entre un ministerio personal y un nombramiento oficial en la iglesia? ¿Cómo afecta esto a tu percepción sobre el servicio en la obra de Dios?

2. **Estudio bíblico:**

    - Lee Hechos 6:1-7. ¿Qué criterios se utilizaron para seleccionar a los primeros diáconos? ¿Por qué es importante estar lleno del Espíritu Santo para servir en cualquier ministerio?

3. **Preguntas de análisis:**

    - Según el capítulo, ¿por qué es un error pensar que el ministerio depende exclusivamente de los nombramientos en la iglesia?

    - ¿Qué enseñanza puedes extraer del testimonio de Felipe como evangelista y diácono?

4. **Discusión en grupo:**

    - Reúnete con un grupo de creyentes y discute: ¿Cómo podría la iglesia apoyar mejor los ministerios personales de sus miembros?

5. **Identificación personal:**

    - Haz una lista de áreas en tu vida donde crees que Dios podría estar llamándote a desarrollar un ministerio personal.

6. **Aplicación práctica:**

    - Piensa en alguna necesidad específica dentro de tu iglesia o comunidad que no esté cubierta actualmente. ¿Cómo podrías contribuir a suplir esa necesidad, incluso sin un nombramiento formal?

7. **Desafío semanal:**

    - Dedica esta semana a orar y reflexionar sobre cómo podrías equilibrar tus responsabilidades en la iglesia con el desarrollo de un ministerio personal. Anota cualquier impresión o idea que surja durante este tiempo.

CAPITULO 3

Comprende qué es ministrar

"Todas las actividades de la iglesia que atienden las necesidades humanas, ya sean espirituales, emocionales, físicas o intelectuales, forman parte del ministerio divino de la reconciliación, cuyo propósito es restaurar la imagen de Dios en la humanidad"[17]. *George Brown.*

Desde que me gradué de Teología, me llaman *ministro del Evangelio*. De igual manera, cada vez que oficio un bautismo termino la declaración bautismal diciendo: "Como ministro del Evangelio, te bautizo…". Sí, soy un ministro, pero tú, querido lector, también eres llamado a serlo, ¿y sabes? No tienes que estudiar en un Seminario Teológico para lograrlo, basta con que encuentres tu ministerio y comiences a ministrar.

En la Carta a los Efesios, el apóstol Pablo afirma que "los santos"[18] (1:1) son los que tienen a su cargo "la obra del ministerio" (4:12). ¿Quiénes son esos santos? Pues gente de carne y hueso como tú y yo, miembros de la iglesia, cristianos en construcción, que aún cometemos

[17] Brown-Dominguez, N. (January 2024). What I Learned in 100 Years: The Wisdom of George Brown (pp. 22, 23). *Adventist World Review.*

[18] Los santos son los cristianos, miembros de la iglesia de Cristo (Ro. 15:26; 16:15; 2 Co. 1:1; Ef. 1:1; Flp. 1:1), los cuales "son llamados a ser santos" (Ro. 1:7; Ef. 1:4; Co. 1:22) y son "santos y fieles en Cristo" (Ef. 1:1; Co. 1:4).

errores. Pero eso sí, ellos han sido "llamados a ser santos" (Ro. 1:7), se han entregado a Cristo y son "fieles" a él (Ef. 1:1). ¿Calificas? Pues vas bien.

¿Qué es la obra del ministerio? La palabra ministerio es traducida del griego *diakonia*, la cual significa "servicio"[19]. Daniel Carro anota que "el ministerio es la obra o el trabajo de la iglesia como cuerpo de Cristo", y enfatiza que ellos "son el conjunto de servicios, carismáticamente diversificados, que la iglesia realiza en el mundo"[20]. Por su parte, Kittel agrega que *diakonia* es un término que "abarca las actividades" registradas en Mateo 25:31-46, las cuales son: dar de comer, dar de beber, dar albergue, cubrir al desnudo, visitar a los enfermos y a los presos[21]. Por supuesto, cuando dice que *abarca*, no está queriendo limitar la obra del ministerio a estas actividades, sino solo ilustrarlo.

En el Nuevo Testamento (NT) encontramos un listado significativo de cristianos que se dedicaron a servir a Dios a través de sus respectivos ministerios:

1. Pablo (Ro. 11:13)
2. Apolos (1 Co. 3:5)
3. Estéfanas (1 Co. 16:15)
4. Lucas (2 Ti. 4:11)
5. Marcos (2 Ti. 4:11)
6. Arquipo (Col. 4:17)
7. Timoteo (1 Ti. 4:6)
8. Epafras (Co. 1:7; 4:12)
9. Tíquico (Ef. 6:1, 11)
10. Tito (2 Co. 8:23)
11. Aquila y Priscila (Ro. 16:3)

---

[19] Tuggy, pp. 219-220.
[20] Carro, p. 172.
[21] Kittel, G., Friedrich, G., & Bromiley, G. W. (2002). En *Compendio del diccionario teológico del Nuevo Testamento* (p. 154). Libros Desafío.

12. Felipe (Hch. 21:8)
13. Tabita (Hch. 9:36)

Al comienzo de este capítulo mencioné las actividades enumeradas por Jesús en Mateo 25:31-46 (dar de comer al hambriento, vestir al desnudo, etc.). En esa parábola, podemos apreciar a un grupo de cristianos que fueron fieles en realizarlas. Si la leemos con más detenimiento, notaremos que Jesús espera que todos nos involucremos en actividades como esas. Sin embargo, al observar los ministerios de las personas enlistadas anteriormente, notaremos que ninguno, excepto Tabita y, probablemente, Aquila y Priscila, se dedicó específicamente a alimentar a los hambrientos, vestir a los desnudos, entre otras cosas. Esto no significa que no hayan ayudado cuando vieron la necesidad, sino que sus ministerios no se centraron en esas actividades.

Aunque muchos ministerios consisten en *dar de comer a los hambrientos, visitar a los enfermos*, etc., otra gran cantidad de ellos no tienen nada que ver con esas actividades, aunque, recalco, todos deberíamos hacer esas cosas cuando se nos presente la oportunidad.

En vista de lo anteriormente planteado, se hace necesario definir qué es un ministerio. Yo encuentro en la Biblia cuatro características imprescindibles que nos ayudarán a conceptualizarlo.

Característica #1: Un ministerio cristiano es una actividad continua

Hemos visto que las actividades mencionadas en Mateo 25:31-46 bien pueden ser llamadas ministerios, pero también es cierto que esas son actividades en las que todo cristiano debería estar involucrado, pues muestran que hay amor y bondad en nuestros corazones. Pero seamos honestos, ¿quién de nosotros todos los días sale a la calle con una ración de alimento extra, por si se encontrara con algún hambriento? Tal vez estés de acuerdo conmigo en que, si bien todos debemos estar dispuestos a ayudar, las oportunidades de hacerlo se nos presentan esporádicamente. Por lo que, si este es tu caso, el dar de comer a los hambrientos no debería ser considerado tu ministerio, ya que es solo una actividad que realizas esporadicamente.

Un ministerio pudiera comenzar a definirse como una actividad que realizamos *continuamente*, es más, planeamos realizarla con esa *frecuencia.* Tenemos en la Biblia el ejemplo de Tabita: "Había entonces en Jope una discípula llamada Tabita, que traducido quiere decir, Dorcas. Esta abundaba en buenas obras y en limosnas que hacía" (Hch. 9:36).

La palabra "abundaba", es traducida de *pleres*, que significa "*lleno, satisfecho, maduro*[22]. Una traducción literal podría indicar que ella estaba "llena" de buenas obras. Es por eso que la Biblia Latinoamericana la traduce como "continuamente". Esto significa que Tabita tenía su agenda *llena* de actividades de ayuda a los demás.

El verbo traducido como "hacía" (vv. 36, 39) nos da una pista adicional de la frecuencia con la que Tabita ejercía su ministerio. Este verbo, en el original griego, está en tiempo imperfecto, lo cual "representa una acción en proceso o un estado que ocurre en el pasado sin especificar el fin de la acción"[23]. Por lo que ella, mientras vivió, lo hizo *continuamente.* Además, cuando las viudas se encontraron con Pedro, le dijeron, confirmándolo, que eso era lo que

---

[22] Tuggy, p. 779.
[23] Heiser, M. S. (2005). *Glosario de la base de datos de terminología morfológica-sintáctica.* Logos Bible Software.

ella "hacía", implicando esto la continuidad de su servicio (v. 39).

Sucedió que Tabita enfermó y murió, dejando, como era de suponer, un vacío inmenso en su comunidad. Rápidamente los hermanos se movilizaron y fueron a buscar a Pedro, quien se encontraba relativamente cerca de Jope, pues una persona como ella debía de estar viva.

En el NT, no hay indicios de que Jesús o los apóstoles resucitaran muertos en cada lugar dónde pasaran. De hecho, los relatos de resurrecciones, en los Evangelios y en Hechos, son bastante puntuales. Pero *hay casos y casos*, como dijera un amigo. Es curioso que la apelación que le hicieron a Pedro incluyera muestras de "las túnicas y los vestidos que Dorcas hacía" a las personas necesitadas (v. 39). Sin dilación, Pedro acudió al llamado y, por el poder de Dios, la resucitó.

Otro ejemplo que ilustra que el ministerio es una labor continua, lo proporciona el apóstol Pablo y lo encontramos en Hechos 20:24:

> Pero de ninguna cosa hago caso, ni estimo preciosa mi vida para mí mismo, con tal que acabe mi carrera con gozo, y el ministerio que recibí del Señor Jesús, para dar testimonio del evangelio de la gracia de Dios.

Hay cuatro detalles maravillosos, en este texto, que quiero resaltar:

1. Pablo llama "mi carrera" a su ministerio. Esta expresión la usamos, comúnmente, para referirnos al oficio o profesión al que nos dedicaremos, posiblemente, por el resto de la vida. Es impresionante que Pablo convirtió su ministerio en su carrera y

que lo dejó todo para dedicarse a ella (véase Flp. 3:4-8).

2. El ministerio de Pablo consistió en "dar testimonio del evangelio de la gracia de Dios".
3. Él afirma que va a continuar empeñado en su ministerio hasta que lo acabe. Con esto indica que su ministerio no es una tarea para un breve período, sino hasta que lo termine. La realidad es que lo realizó por el resto de su vida (véase 2 Ti. 4:6-8).
4. Él manifestó que quería terminar su carrera "con gozo".

Pero, es en el carácter continuo de un ministerio donde radica su talón de Aquiles. La mayoría de los cristianos estamos dispuestos a hacer algo un día, pero cuando se trata de una obra continua, entonces sentimos que no podemos. En el capítulo 6 trataré este tema, mostrando que es necesario que *ocurra algo en nosotros* para estar actos para el ministerio continuo.

Característica #2: Un ministerio cristiano contribuye al cumplimiento de la Misión

La Misión que Jesús le dejó a la iglesia está expresada en cinco pasajes bíblicos:

1. Mateo 28:18-20 es el texto clásico: "[18] Y Jesús se acercó y les habló diciendo: Toda potestad me es dada en el cielo y en la tierra.[19] Por tanto, id, y haced discípulos a todas las naciones, bautizándolos en el nombre del Padre, y del Hijo, y del Espíritu

Santo; [20] enseñándoles que guarden todas las cosas que os he mandado; y he aquí yo estoy con vosotros todos los días, hasta el fin del mundo. Amén.
2. Marcos 16:15, 16: Y les dijo: Id por todo el mundo y predicad el evangelio a toda criatura. [16] El que creyere y fuere bautizado, será salvo; mas el que no creyere, será condenado.
3. Lucas 24:46-48: [46] y les dijo: Así está escrito, y así fue necesario que el Cristo padeciese, y resucitase de los muertos al tercer día; [47] y que se predicase en su nombre el arrepentimiento y el perdón de pecados en todas las naciones, comenzando desde Jerusalén. [48] Y vosotros sois testigos de estas cosas.
4. Juan 20:21: Entonces Jesús les dijo otra vez: Paz a vosotros. Como me envió el Padre, así también yo os envío.
5. Hechos 1:8: pero recibiréis poder, cuando haya venido sobre vosotros el Espíritu Santo, y me seréis testigos en Jerusalén, en toda Judea, en Samaria, y hasta lo último de la tierra.

Notemos que, aunque cada declaración de misión no es una copia de las anteriores, comparten detalles en común que resultan clave:

1. En todas está implícito el movimiento, es decir, que la misión se cumple mientras vamos de aquí para allá. Esto indica que el cumplir la misión está en el ADN del discípulo de Cristo, pues la cumple dondequiera esté.
2. En dos de las declaraciones se nos manda a predicar (Mr. 16:15, 16; Lc. 24:46-48), sin embargo, en Lucas 24:48 se asocia la predicación con la condición de "testigo". Finalmente, en Hechos 1:8, se resume todo en ser testigos de Cristo.

3. Mateo pone el énfasis en hacer discípulos, labor que incluye enseñar y bautizar.
4. Tanto en Mateo, como en Hechos, se promete la compañía divina para darnos poder.

Si unimos cada declaración de misión en una, podría quedar así:

La misión de la iglesia es una convicción que se arraiga en el corazón del discípulo de Cristo, la cual lo impulsa a ser testigo de su amor y poder transformador entre las personas con las cuales se relaciona en su andar cotidiano. En cuanto él se percate de que la persona que recibió la testificación se muestre receptiva al mensaje, iniciará con ella el proceso de discipulado, el cual involucrará la enseñanza y el bautismo. Para tal misión, el discípulo de Cristo podrá contar con la presencia de Jesús, a través del Espíritu Santo.

Tradicionalmente, se ha creído que la misión se cumple mediante la predicación, entendida como el estudio de la Palabra de Dios. Pero Jesús nos dice que también ella se cumple testificando: "Y será predicado este evangelio del reino en todo el mundo, para testimonio a todas las naciones; y entonces vendrá el fin" (Mt. 24:14). Me llama la atención que otras versiones traducen la expresión "para testimonio", de esta manera: "como testimonio"[24] y otras "por testimonio"[25].

Un ejemplo de la expresión *para testimonio* lo encontramos en Mateo 8:4: "Entonces Jesús le dijo: Mira, no lo

---

[24] La Biblia Latinoamericana (LBLA), Nueva Biblia Latinoamericana (NBLA), Nueva Versión Internacional (NVI) y Nueva Versión Internacional (Castilian) (CST).

[25] Reina Valera Antigua (RVA), *Spanish Blue Red and Gold Letter Edition* (SRV-BRG).

digas a nadie; sino ve, muéstrate al sacerdote, y presenta la ofrenda que ordenó Moisés, para testimonio a ellos". Notemos que la ofrenda presentada al sacerdote sería el testimonio de que él estaba sano. Por lo que este caso nos indica que un testimonio puede ser, inclusive, una ofrenda. Esto amplía la manera en la cual podemos testificar. Cualquier cosa que hagamos con el propósito de mostrar a Jesús es testificar, por lo que, cumplimos la misión, no solo impartiendo un estudio bíblico o predicando un sermón desde el púlpito. Por supuesto, la presentación de la Palabra tendrá que ser evidente en algún momento, pero en muchos casos se hará cuando la persona haya quedado impactada por la acción ministerial del discípulo de Cristo.

El caso de Tabita nos va a ayudar también a entender esto. La ciudad de Jope, que es la actual Jaifa y que "hoy está incluida en el gran conurbano de la ciudad moderna de Tel-Aviv"[26], tiene un gran historial en la historia bíblica. De allí era Tabita y precisamente allí ella realizó su abnegado ministerio. En el pasado, Jope "había pertenecido a los filisteos" e "incluso en el primer siglo, era todavía semi-pagano"[27]. Por lo que la evangelización allí podría haber sido un poco difícil para los cristianos. Pero el Espíritu había llevado, como lo describe Clements, a "un joven aventurero evangelista"[28], llamado Felipe, el cual había presentado con poder el Evangelio de Jesús, es más, se cree que Tabita fue fruto de esta campaña evangelística.

Ahora Tabita era cristiana y ardía en deseos de compartir el evangelio, pero la obstaculizaba la barrera del paganismo. Me la imagino pensando cómo compartir a Jesús, y pronto el mismo Espíritu que le dio poder a Felipe

---

[26] Bruce, F. F. (2007). *Hechos de los Apóstoles: Introducción, comentarios y notas* (p. 236). Libros Desafio.
[27] Clements, R. (1992). *La Iglesia que Transformó al Mundo* (p. 129). Barcelona: Publicaciones Andamio.
[28] *Ibíd.*

la impulsó a evangelizar de una manera diferente. Dado que ella seguramente disfrutaba de una situación económica "solvente"[29], es muy probable que haya usado su dinero, al igual que sus habilidades artesanales, para presentar a Jesús a través del ministerio de la bondad. De esta manera podemos afirmar que tanto Felipe, con la presentación de la Palabra, como Tabita, con la exposición visible del amor de Jesús, fueron grandes ministros de Dios que ganaron muchas almas para Cristo, es decir, sus ministerios contribuyeron al cumplimiento de la Misión dada a la iglesia por Jesús.

Querido lector: Este es el espíritu que Dios espera de todo aquel que ministra: Sentir y saber que, con su aporte, está edificando la iglesia, al mismo tiempo que contribuye al cumplimiento de la misión dada a la iglesia por Jesús.

Característica #3: Un ministerio cristiano edifica la iglesia

Se cuenta que un transeúnte, intrigado por un movimiento de construcción en una zona cercana a su vecindario, decidió detenerse para preguntarle a uno de los trabajadores qué estaban edificando. El primero al que se dirigió resultó ser un hombre malhumorado, que parecía estar allí únicamente por la necesidad del dinero: ¿No lo ves?, le respondió de manera descortés, estoy construyendo una pared.

[29] Kistemaker, S. J. (2007). *Comentario al Nuevo Testamento: Hechos* (p. 384). Libros Desafío.

Ante tal actitud, el curioso transeúnte optó por no seguir la conversación y se dirigió a otra persona. Rápidamente vio a otro trabajador, quien colocaba un bloque tras otro, mientras revisaba constantemente su teléfono, como si solo esperara que terminara la jornada laboral para poder irse a casa. Al percibir su desinterés, el transeúnte decidió no acercarse a él.

Mientras observaba al resto de los obreros, llamó su atención un hombre que trabajaba con entusiasmo, tarareando canciones mientras ponía los bloques con dedicación. Animado por su actitud, se acercó y le hizo la misma pregunta: "Amigo, ¿qué están construyendo aquí? La respuesta lo dejó sorprendido: "¡Estoy construyendo una catedral!"

¡Qué lindo es edificar con gozo de ver un día el trabajo terminado! El día de la inauguración del edificio es una ocasión de gozo y celebración. Ese día se rememoran todas las proezas realizadas por los edificadores.

En Efesios 4:12, Pablo tiene en mente un edificio, al mencionar "la edificación" del cuerpo de Cristo, y afirma que son los miembros del cuerpo, el cual es la iglesia, los que tienen el deber de edificarla con el ejercicio de sus ministerios.

Siguiendo la enseñanza paulina, presentada en Efesios 4, podemos ver que la edificación de la iglesia, por los ministerios de sus miembros, no es suficiente, a menos que sea coordinada por sus pastores (v. 16). Por lo que cada miembro del cuerpo de Cristo deberá pedir orientación y consejo a su pastor acerca de su ministerio. Pretender ministrar por cuenta propia, sin rendir cuentas, no es edificar la iglesia.

Ten presente que los pastores son los peritos arquitectos de la edificación de la iglesia. Usted se preguntará de dónde saqué esto, ya que la expresión no aparece en Efesios 4. Pues me baso en otra declaración del mismo apóstol: "yo, como perito arquitecto, puse el fundamento" (1 Co. 3:10). Con esto declara que él, como *apóstol*, lo es. De la misma manera, *los pastores* también lo son[30].

En 1 Corintios 14:12 el apóstol agrega que, si anhelamos "dones espirituales", los cuales nos son dados para ministrar, lo hagamos con la convicción y el propósito de *edificar la iglesia*. Esto es bien profundo, pues lo primero que un miembro del cuerpo de Cristo debe de tener claro es esto, seguidamente será impulsado a pedirle a Dios que lo emplee como colaborador en dicha edificación.

Tengamos presente también que la edificación de la iglesia incluye el que su ministerio esté "bien concertado y unido entre sí" (v. 16). Kittel resalta que la palabra griega *sunarmologeo*, que es traducida como "bien concertado", es una palabra compuesta, la cual tiene "el sentido de unir o ensamblar"[31]. Esto significa que no basta con que estés ministrando, sino que tu ministerio deberá estar bien ensamblado a la obra del ministerio de la iglesia.

¿Cuándo fue la última vez que armaste un rompecabezas? Seguramente estarás de acuerdo conmigo en que, cuando sacamos las piezas de la caja y las colocamos sobre la mesa, lo que tendremos será una montaña de piezas, y que, si no miramos el diseño, nos será bien difícil armarlo.

Eso mismo sucede con la iglesia, si los ministerios no están bien organizados, van a ser una montaña de piezas sobre la mesa, pero si cada persona que ministra se lo comunica a su pastor y se organiza una estrategia para que esta labor sea coordinada en la maquinaria ministerial de la iglesia, el resultado va a ser su edificación.

---

30 Tenga presente el lector que los pastores están en la misma lista de oficiales que los apóstoles (Véase Efesios 4:11).

31 Kittel, p. 1093.

Característica #4: Un ministerio cristiano es un encargo que Dios nos hace

En la parábola conocida como "de los talentos" (véase Mt. 25:14-30), Jesús cuenta que un empresario, antes de irse de viaje de negocios, se reunió con tres de sus empleados y les dio tareas específicas para que durante su ausencia no tuviera que cerrar la empresa. Como ellos tenían diferentes capacidades, "a uno de ellos le dio 5000 monedas, al segundo le dio 2000 y al otro 1000" (v. 15).

Eso es recibir un encargo. Dichoso es quien lo recibe, pues con él se le está diciendo que es considerado una persona útil. Sucedió que los dos primeros lo recibieron con gozo y con ese espíritu comenzaron a trabajar. El resultado no se hizo esperar: "[16] Inmediatamente, el que había recibido las 5000 monedas comenzó a invertir el dinero y ganó otras 5000. [17] Así mismo, el que recibió 2000 monedas ganó otras 2000" (vv. 16, 17). Pero no sucedió lo mismo con el tercero, y su actitud fue totalmente diferente: "Pero el que recibió 1000 se fue, hizo un hueco en el suelo y escondió el dinero de su patrón" (v. 18 PDT).

Se dice que una ilustración gráfica dice más que mil palabras: Encontré en la internet un dibujo en el cual el pintor trata de contarnos lo que sucedió. En él se aprecia a tres individuos, dos trabajando laboriosamente y llenos de gozo al ver que su gestión da frutos y el tercero, sentado, con actitud indiferente, entreteniéndose ante la pantalla de su dispositivo electrónico, durante su jornada laboral.

Así como el mencionado empresario les encargó la empresa a tres de sus empleados, Jesús nos confía la obra del ministerio, mientras él está "de viaje". Me llamó la atención lo que escribió Walvoord al respecto: "La parábola de los talentos se centra en la necesidad de servir al Rey mientras él no esté"[32]. Y

[32] Walvoord, p. 98.

Elena White puntualiza que esta parábola trata acerca de poner nuestro "mejor empeño" en el servicio a Dios[33].

El apóstol Pablo estaba claro de que su ministerio era un encargo divino: "Después de todo, ¿quién es Apolos?, ¿quién es Pablo? Nosotros solo somos siervos de Dios mediante los cuales ustedes creyeron la Buena Noticia. Cada uno de nosotros hizo el trabajo que el Señor nos encargó" (1 Co. 3:5 NTV).

Al prestar atención al contexto de la declaración anterior, podemos ver que el veterano apóstol estaba enfrentando algo así como un partidismo en la iglesia de Corinto, pues muchos admiraban a Apolos, un ferviente evangelista y otros a Pablo. Es cierto que, al hacer con amor el trabajo que el Señor nos ha confiado, nos ganaremos la admiración de muchos. Sin embargo, debemos recordar que lo que habremos hecho será simplemente cumplir con su voluntad.

El apóstol creía que era algo muy serio recibir un encargo del Señor y era su mayor deseo cumplirlo: "Pero de ninguna cosa hago caso, ni estimo preciosa mi vida para mí mismo, con tal que acabe mi carrera con gozo, y el ministerio que recibí del Señor Jesús, para dar testimonio del evangelio de la gracia de Dios" (Hch. 20:24). En cierta ocasión, Pablo testificó lo siguiente: "yo recibí del Señor lo que también os he enseñado" (1 Co. 11:23) y más adelante, en la misma carta, puntualizó: "Porque primeramente os he enseñado lo que asimismo recibí" (1 Co. 15:3).

Sí, el ministerio es maravilloso, y sobre todo, sumamente inspirador y solemne, si es que somos conscientes de que lo hemos recibido "del Señor Jesús" (1 Co. 11:23).

En otra ocasión él amonestó a un ministro con las siguientes palabras: "Asegúrate de hacer el trabajo que el Señor te ha encomendado" (Col. 4:17 PDT). La palabra "trabajo" ha sido traducida, por la PDT, del término griego *diakonian*, pero la versión RV-60 lo vierte como *ministerio*, lo cual, como ya hemos

[33] White, E. W. (2016). *Manuscritos Inéditos*, Tomo 3, p. 15. Agencia de Publicaciones México Central, A.C.

visto, no es una asignación para unas horas, sino que es de larga duración, y que deberá ejercerse sistemáticamente.

¿Qué le estaba sucediendo a Arquipo? Todo parece indicar que no era que estaba como el tercer empleado de la parábola, sino que, por ser joven, la iglesia de Colosas lo tenía sentado, sin dejarle ministrar. Entonces Pablo, con la sabiduría del cielo, al escribirles a los colosenses, le dijo públicamente que se asegurara de cumplir con el encargo que "el Señor" le hizo. Me imagino que Arquipo, en vez de sentirse mal, recibiría estimulo y le daría gracias a Dios por este mensaje. A su vez, la iglesia debió tomar conciencia de esto y permitirle ministrar.

El caso de Arquipo nos indica que muchas veces no estaremos ministrando por razones ajenas a nuestra voluntad. En tal caso será necesario que nos mantengamos orando para que Dios allane el camino, quitando los obstáculos.

En Filipenses 4:9, el apóstol animó a aquellos cristianos, y por extensión a nosotros, a que hicieran lo que aprendieron, recibieron, oyeron y vieron de él. La manera con la que concluye es impresionante: "y el Dios de paz estará con vosotros". Esto es una conexión directa con Mateo 28:20, donde Jesús prometió que él estará con nosotros "todos los días, hasta el fin del mundo", mientras cumplíamos su encargo. Es maravilloso que al cumplir su encargo gozaremos de su compañía.

El caso de Felipe

Uno de los discípulos de Jesús se llamaba Felipe, pero de él no tenemos más registro. El Felipe que nos ocupará en esta sección fue uno de los siete individuos que fueron escogidos por la iglesia de Jerusalén para "servir a las mesas" (Hch. 6:2), o como lo presenta la NTV, para "dirigir la distribución de alimentos". Este cargo eclesiástico fue creado debido a que las viudas de los griegos estaban siendo "desatendidas en la distribución diaria" (v. 1).

Aunque no hay registro de cómo Felipe se desempeñó en esa responsabilidad, aunque podemos suponer que la cumplió con plena dedicación. Pero es interesante destacar que el autor de Hechos se empeñó en resaltar otra faceta de su actividad para Dios, su ministerio personal. Si leemos el capítulo 8 del mencionado libro, veremos que Lucas lo dedica casi exclusivamente a su labor evangelística (vv. 4-40). Fue impresionante su aporte al avance de la iglesia. A propósito, en relación con la gira misionera de Pedro por Lida y Jope, Clements comenta que "puede ser que Felipe hubiera ido predicando por esta región recientemente, en el camino costero de Gaza a Cesarea[34]".

Sí, queridos lectores, estamos en presencia de un gran ministro de Dios. Fue tan poderosa su labor que, finalizando el libro de Hechos, Lucas reafirma que Felipe era más conocido por su ministerio personal, el de evangelista, que por el cargo que la iglesia de Jerusalén le había dado (véase Hch. 21:8).

Es muy probable que, después de la dispersión de los cristianos de Jerusalén por el mundo, su nombramiento ya no fuera necesario, y por tal razón él volviera a ser solo evangelista. Esto nos indica que el ministerio que perdura es el personal y espontáneo. Hoy, cuando los nombramientos que la iglesia local hace son temporales, esto cobra mayor relevancia[35].

Además, el ministerio es como una concepción. Observa por qué afirmo esto: Tú ministerio es algo que lo descubrirás después de orar y muchas veces, orar con vehemencia, así como Ana oró pidiendo por un hijo. Y, una vez que lo encontremos, lo amaremos "como si fuera un hijo".

Además, el ministerio es una labor continua la cual la dejaremos de realizar cuando hayamos cumplido el propósito para el cual fuimos llamados por Dios a ejercerlo. Es por esto que, la mayoría estará sirviendo a Dios en sus ministerios respectivos por el resto de sus vidas. Este fue el caso de Felipe.

---

[34] Clements, p. 129.

[35] Animo al lector a leer el capítulo 2 del libro "El Movilizador", donde trato el tema de los nombramientos y los ministerios con mayor profundidad.

Resumiendo

Si unimos los cuatro elementos de un ministerio cristiano que hemos analizado, podremos armar un concepto: "Un ministerio cristiano es *una actividad continua* que cada discípulo de Cristo realiza con el fin de *edificar la iglesia* y *cumplir la misión* dada a ella por Jesús. Tal servicio *no depende de un nombramiento eclesiástico*, ya que es recibido directamente de parte de Dios".

Querido lector: Dios te ha llamado a ser parte de su iglesia, que, como bien Pablo lo ilustra, es el cuerpo de Cristo. Tú y yo, como miembros de ella, tenemos el privilegio y la responsabilidad de colaborar en el cumplimiento de la misión que Dios le ha encomendado. Hemos visto que podemos contribuir ejerciendo el ministerio que él nos ha asignado, mientras que los pastores son los instrumentos encargados de guiarnos en este proceso.

En los siguientes capítulos, compartiré enseñanzas y principios que te ayudarán a descubrir el ministerio al cual Dios te llama.

Ejercicios de Repaso

1. **Reflexión personal:**
    - Según lo aprendido, ¿cuáles son las cuatro características principales de un ministerio cristiano? Explícalas con tus propias palabras.
2. **Estudio bíblico:**
    - Lee Hechos 9:36-43 y reflexiona sobre el ministerio de Tabita. ¿Qué lecciones prácticas puedes aplicar a tu vida a partir de su ejemplo?
3. **Preguntas de análisis:**

- o ¿Cuál es la diferencia entre realizar actividades esporádicas de ayuda y tener un ministerio continuo?
- o ¿Por qué es importante que un ministerio contribuya al cumplimiento de la misión y a la edificación de la iglesia?

4. **Identificación personal:**
   - o Haz una lista de actividades que disfrutes hacer o en las que tengas habilidades. Reflexiona sobre cómo podrían convertirse en un ministerio continuo.

5. **Aplicación práctica:**
   - o Piensa en una necesidad específica en tu iglesia o comunidad que puedas ayudar a suplir. Diseña un plan simple para comenzar un ministerio en esa área.

6. **Discusión en grupo:**
   - o Reúnete con otros miembros de tu iglesia y hablen sobre cómo sus ministerios individuales pueden unirse para edificar la iglesia como un todo.

7. **Desafío semanal:**
   - o Dedica esta semana a orar y buscar la dirección de Dios sobre cómo iniciar o fortalecer tu ministerio. Escribe cualquier idea o impresión que sientas durante tus momentos de oración y reflexión.

CAPITULO 4

Observa cómo otros descubrieron sus ministerios

Al ver cómo otros descubrieron sus ministerios, podemos visualizar el camino para encontrar el nuestro.

Este capítulo, aunque extenso, es esencial.

Quiero comenzar haciéndote algunas preguntas clave:

1. ¿Eres *consciente* de que formas parte de una iglesia, el cuerpo de Cristo, y que en ella tienes una función específica que cumplir?

2. ¿Estás *dispuesto* a servir con tu ministerio para contribuir al crecimiento de tu iglesia?

3. ¿*Desearías* integrar tu ministerio dentro de la maquinaria misional de la iglesia?

4. ¿Estás *comprometido* a ministrar de manera frecuente?

5. Más allá de que la responsabilidad que se te ha asignado en la iglesia coincida o no con tu ministerio, *¿tienes claro que* este es una tarea a largo plazo?

Hoy en día, en un intento por ser más precisos y científicos al descubrir el ministerio al que Dios nos llama, se han incorporado herramientas técnicas. Por ejemplo:

1. Si quieres saber a qué ministerio Dios te llama, deberás llenar una prueba de dones espirituales. Estas pruebas han sido confeccionadas con la ayuda de experimentados sicólogos y han pasado muchas revisiones.
2. Si quieres saber a qué ministerio Dios te llama, tendrás que llenar una prueba para saber cuál es tu tipo de personalidad. De paso, hay varios sitios en línea donde se puede tomar este cuestionario.

No dudo que estos recursos puedan ser de ayuda, pero lo que sí puedo afirmarte es que ninguna de las personas que pude entrevistar y que están ministrando, tomaron estos cuestionarios. Respeto a las autoridades, en esta área de la vida de la iglesia, que las defienden, pero yo prefiero indicarte un camino más sencillo, no fácil, pero sí sencillo. A fin de cuentas, se trata de un llamado de Dios y él no está limitado por tus rasgos de personalidad y tampoco necesita que llenes un cuestionario de dones. Por ejemplo, el apóstol Juan, quien antes fuera llamado "hijo del trueno", no hubiera calificado para pastorear la iglesia, sin embargo, Dios hizo de él un ministro maravilloso.

En mi estudio sobre un grupo de ministros, tanto del NT como de la actualidad, identifiqué una serie de *elementos* que los llevaron a descubrir sus ministerios:

1. Estudio y reflexión en la Palabra de Dios
2. Comprender las razones por las cuales ministrar
3. Surgimiento del deseo de ministrar
4. Oración intensa
5. Involucramiento en el servicio
6. Inventario de talentos y recursos
7. Atracción hacia ciertas actividades ministeriales
8. Necesidades misionales de la iglesia
9. Circunstancias impactantes de la vida
10. Impresiones externas
11. Análisis de las circunstancias vividas
12. Práctica del posible ministerio
13. Confirmación

Analicemos cada uno de estos elementos para luego estructurar una lista de pasos que te guiarán en el descubrimiento del ministerio al cual Dios te ha llamado.

1. Estudio y reflexión en la Palabra

La Biblia es un libro vivo, ya que el Espíritu Santo, quien la inspiró, acompaña a todo aquel que se alimenta espiritualmente de ella. En sus sagradas páginas encontramos una buena cantidad de personas que se dedicaron a ministrar, además de declaraciones que, guiadas por el Espíritu, podrían llevarnos a encontrar el ministerio al que fuimos llamados.

Comencemos con el ejemplo de Jesús. Es bueno saber que él tuvo que descubrir sus ministerios. Él no vino a este mundo como un robot con un microchip integrado que le hacía saber qué hacer, al contrario, lo vemos orando constantemente para recibir orientación directa de su Padre. De igual manera, fue al estudiar y reflexionar en la Palabra como Jesús descubrió cuales fueron los ministerios que debía desempeñar.

Analicemos primeramente sus ministerios y luego cómo los descubrió.

Ministerio de enseñanza

Jesús fue, ante todo, un maestro. Constantemente enseñaba en las sinagogas, montañas, plazas y hogares. Su enseñanza se centraba en temas como el Reino de Dios, el amor, el perdón, la fe y la justicia. Utilizó parábolas, historias breves con significados profundos, para transmitir verdades espirituales. Enseñó sobre la naturaleza de Dios, la moral y cómo los seres humanos deben relacionarse entre sí. Entre sus sermones más famosos está el "Sermón del monte" (véase Mt. 5-7), donde explicó las bienaventuranzas y ofreció principios éticos y espirituales fundamentales para el Reino de los cielos.

Ministerio de sanidad

Jesús sanó a enfermos y liberó a personas oprimidas por demonios. Esto incluía curar enfermedades físicas como la lepra, la ceguera y la parálisis. Sanó a la suegra de Pedro, al ciego Bartimeo, a la mujer con flujo de sangre y muchos otros. Sus milagros de sanidad no solo demostraron su poder, sino que también revelaron la compasión y la restauración que el Reino de Dios traía.

Ministerio de reconciliación y perdón

Jesús fue un ministro de reconciliación. Proclamó el perdón de pecados y buscó restaurar la relación de las personas con Dios. Uno de los episodios más emblemáticos de este aspecto de su ministerio fue cuando perdonó a una mujer adúltera, desafiando las normas legales de su tiempo (véase Jn. 8:1-11). También perdonó a un paralítico en Capernaum, antes de sanarlo (véase Mr. 2:1-12), mostrando que su ministerio no solo se trataba de sanar físicamente, sino también espiritualmente.

Ministerio de proclamación

Jesús centró gran parte de su predicación en el Reino de Dios. Desde el comienzo de su ministerio, proclamó: "El Reino de Dios se ha acercado; arrepiéntanse y crean en el evangelio" (Mr. 1:15). Explicó que el Reino no era un reino terrenal, sino espiritual, y su llegada significaba una nueva era en la relación entre Dios y la humanidad. Jesús reveló que este Reino estaba basado en el amor, la justicia y la misericordia, y que era accesible para los humildes, los pobres en espíritu y los que buscaban a Dios.

Ministerio de formación de discípulos

Jesús no solo predicaba a multitudes, sino que también formó a un grupo selecto de discípulos. Llamó a doce para que fueran sus apóstoles y los instruyó al estar con ellos todo el tiempo, de esta manera ellos aprendieron de Él y luego los envió a continuar su obra. A través de su vida diaria y sus enseñanzas, Jesús invirtió tiempo en formar a estos hombres y mujeres para que comprendieran la misión del Reino y cómo debían continuarla después de su muerte y resurrección. Los preparó para ser ministros en su lugar, delegándoles poder y autoridad para predicar, sanar y expulsar demonios (véase Lc. 9:1-6).

Ministerio de compasión y justicia social

Jesús mostró un fuerte enfoque en los marginados y los oprimidos. Constantemente buscaba a personas que la sociedad rechazaba, como los leprosos, los pecadores, las mujeres y los extranjeros. Mostró compasión hacia los pobres y desamparados, proclamando que el Reino de Dios estaba abierto para ellos. Confrontó a los líderes religiosos y las injusticias sociales de su tiempo, llamando a la justicia y el trato equitativo para todos. Su mensaje era que Dios está del lado de los oprimidos y los afligidos.

Ministerio de sacrificio y redención

El aspecto central del ministerio de Jesús fue su misión de sacrificio. Descubrió, desde muy temprano en su vida que había venido al mundo para dar su vida como sacrificio por la humanidad. Habló de su muerte y resurrección como el evento que traería redención y perdón a todos. Este fue el propósito final de su ministerio: morir en la cruz para reconciliar a la humanidad con Dios y, al resucitar, derrotar al pecado y la muerte. Su sacrificio fue un punto clave de su ministerio y el medio a través del cual ofrece salvación a todos.

Ministerio de oración

A lo largo de su ministerio, Jesús mantuvo una vida de oración constante. Se retiraba a menudo para orar solo, incluso antes de tomar decisiones importantes, como la elección de sus apóstoles (véase Lc. 6:12-16). En la oración en el huerto de Getsemaní, antes de su crucifixión, mostró su total dependencia de Dios y su sumisión a la voluntad divina. Este ministerio de oración fue una parte integral de su vida y ministerio, y un ejemplo para sus seguidores.

En resumen, los ministerios de Jesús abarcaban la enseñanza, la sanidad, la proclamación del Reino de Dios, la reconciliación, la formación de discípulos, la compasión, el sacrificio y la oración. Todos estos se entrelazaron para cumplir su misión principal: revelar el amor de Dios y traer salvación a la humanidad.

Si bien Jesús presentó, en Lucas 4:17-19, lo que haría, anunciando su amplia gana ministerial, bajo la dirección del Espíritu Santo, en 7:22 él mismo presenta, en solo un día de servicio, que lo hizo.

¿Cómo Jesús descubriría sus ministerios?

Jesús vino a esta tierra siendo Dios encarnado, aunque su gloria divina permaneció velada. Esto significa que, al verlo, la gente solo percibía a un hombre. Sin embargo, en momentos trascendentales, como cuando calmó la tempestad en el Mar de Galilea, los discípulos, atónitos, reconocieron que no era un hombre común como ellos (véase Lc. 8:25). Excepto en esas pocas ocasiones en las que Jesús manifestó su poder sobrehumano, la mayor parte del tiempo Jesús actuó como un ser humano. Por lo tanto, siendo humano, Jesús también tuvo que pasar por un proceso para descubrir lo que eventualmente serían sus ministerios.

Sabemos que a la edad de doce años él fue llevado al templo, suceso que fue clave en su vida y ministerio posterior. Elena White afirma que, a esa edad, Jesús ya era consciente de quién era y que, por lo tanto, tenía una idea bastante clara de su misión, por lo que solo debería esperar el momento de comenzar su ministerio público[36].

Al leer el suceso registrado en Lucas 4:16-30, podemos comprender que Jesús fue un estudioso de las profecías mesiánicas y que, de manera especial, lo había impactado la registrada en Isaías 61:1, 2, porción que él leyó e interpretó un sábado en la sinagoga de Nazaret. Mira cómo Lucas lo vierte:

> [18] «El Espíritu del Señor está sobre mí, porque me ha ungido para llevar la Buena Noticia a los pobres. Me ha enviado a proclamar que los cautivos serán liberados, que los ciegos verán, que los oprimidos serán puestos en libertad,[19] y que ha llegado el tiempo del favor del Señor » (Lc. 4:18, 19 NTV).

Con este suceso podemos llegar a la conclusión de que Jesús había venido reflexionando en este pasaje, el cual

[36] Véase White, E. G. (1955). *El Deseado de Todas las Gentes*, capítulo 8. Boise: Pacific Press.

marcaba la naturaleza de su ministerio y misión. Además, que el Espíritu Santo lo había llevado a comprender que lo escrito por Isaías se refería a él y que había sido destinado para desempeñar esos ministerios. Por lo que podemos concluir que Jesús descubrió sus ministerios por su estudio de la Palabra y por la labor del Espíritu, quien estaba "sobre él" y lo impulsaba a ministrar.

2. Comprende las razones por las cuales debes ministrar

Pablo descubrió su llamado a ministrar a los gentiles porque se sentía deudor (veáse Ro. 1:14; 12:1). Para él conocer el amor de Dios y su misericordia fue razón suficiente para llegar a ser un poderoso ministro.

Raquel Nual es otra discípula de Cristo que encontró su ministerio a partir de una poderosa razón: el agradecimiento a Dios. Ella afirma que una de las cosas que más disfruta es contarle a la gente lo maravilloso que es andar con Jesús, aunque no se sentía contenta de la manera, ni con la frecuencia con que lo hacía.

La pandemia del Covid-19 marcó un antes y un después en su vida ministerial. Enfrentó la dolorosa realidad de que varios de sus amigos fallecieron a causa de la letalidad del virus. Cuando todo pasó y vio que había sobrevivido, decidió, en agradecimiento a Dios, encontrar su ministerio.

Y no tardó mucho en descubrirlo. Su ministerio consiste en escribir pequeñas reflexiones diarias, las cuales comparte a través de las redes sociales. Yo mismo he recibido testimonios de la efectividad de lo que ella hace para Dios.

En el siguiente código QR podrás encontrar la entrevista que le hice a Raquel Nual.

3. Surgimiento del deseo de ministrar

Otro elemento que intervino en el que algunas personas descubrieran sus ministerios fue que surgiera en ellos un profundo deseo de ministrar.

Un ejemplo de la actualidad es el de María, miembro de una iglesia en el estado de Arkansas. Abundaré sobre ella más abajo, pero aquí quiero destacar que ella experimentó un deseo irresistible de servir al Señor en algún ministerio, que eventualmente descubrió.

4. Oración intensa

Orar intensamente, con el propósito de encontrar el ministerio al cual hemos sido llamados, me recuerda a Nehemías. Él estaba muy cómodo en Susa y su trabajo consistía en probar el vino que se le servía al rey. Por lo que, aparte de su jugoso salario, gozaba de la más alta confianza del monarca y se codeaba con los grandes de la corte.

Pero él estaba preocupado porque su ciudad estaba sin muros de protección y, por lo tanto, a merced de sus enemigos. Además, eran el hazmerreír de las naciones vecinas, que eran paganas. Aprovechando la visita de Hanani, a quien él llama su hermano, indagó acerca de la situación de su ciudad amada y el informe lo desconcertó aún más: "El remanente, los que quedaron de la cautividad, allí en la provincia, están en gran mal y afrenta, y el muro de Jerusalén derribado, y sus puertas quemadas a fuego" (Ne. 1:3).

¿Qué hacer ante semejante informe? Lo maravilloso es lo que él mismo nos cuenta en el versículo 4: "Cuando oí estas palabras me senté y lloré, e hice duelo por algunos días, y ayuné y oré delante del Dios de los cielos". Cada palabra de este versículo tiene un maravilloso mensaje para nosotros.

Lo primero que Nehemías hizo fue que *se sentó*. Esto implica que reconoció que la situación ameritaba atención detenida. *Seguidamente*, el impacto emocional fue tan grande que lloró. En otras palabras, la situación llegó a lo más profundo de su ser, impactando sus sentimientos.

Luego, hizo duelo por algunos días y ayunó. No es que yo tenga un gran apetito, pero debo reconocer que el ayuno no es mi actividad favorita. Me imagino que a la mayoría de los mortales les suceda lo mismo. Por lo que supongo que el hecho de que Nehemías haya decidido ayunar por algunos días se debió a que fue grandemente impactado y necesitó buscar la dirección divina. *Lo otro* que hizo fue orar. La oración y el ayuno son dos grandes aliados en la búsqueda de la ayuda divina.

Los versículos 5-11 resumen la oración que Nehemías le hizo a Dios. Lo maravilloso es lo que él mismo declara en el versículo 11:

> Te ruego, oh Jehová, esté ahora atento tu oído a la oración de tu siervo, y a la oración de tus siervos,

quienes desean reverenciar tu nombre; concede ahora buen éxito a tu siervo, y dale gracia delante de aquel varón. Porque yo servía de copero al rey.

¿Lo notaste? En esos días con Dios, Nehemías salió convencido de que él era la persona encargada para llevar a cabo la obra de reconstrucción de los muros de Jerusalén.

¿Te acuerdas de María, la discípula que vive en Arkansas? Un día comenzó a sentir la urgencia de que debía ejercer un ministerio especial para Dios. Pero, como sucede tan a menudo, su dilema fue cómo encontrarlo. Ella me contó que, durante su búsqueda, oró vehementemente para encontrarlo.

El acto de orar con vehemencia también me recuerda a Ana, la que llegó a ser la madre del profeta Samuel[37]. Ella no podía concebir, pues era estéril, lo cual la sumía, no solo bajo la angustia de lo que se creía era una maldición de Dios, sino que tenía que soportar que la otra esposa de su marido la irritara, es decir, que la provocara a ira. Como resultado, ella lloraba y no deseaba ingerir alimentos.

En una de las ocasiones en las cuales a su esposo le tocó ir al santuario a oficiar, ella decidió hacer algo que resultó ser decisivo. Nos dice el texto que se fue al templo a orar "largamente delante de Jehová" (1 Sa. 1:12) y esta oración no fue otra cosa que un vaciamiento de sus "congojas" y de su "aflicción" delante de Dios (1 Sa. 1:16), y esta oración hizo la diferencia.

[37] Véase 1 Samuel 1.

Esto nos enseña que, al orar con verdadera necesidad, podemos esperar una respuesta maravillosa de parte de Dios. El texto nos dice que ella finalmente quedó embarazada y que, "al cumplirse el tiempo", dio a luz a Samuel, quien es el que nos cuenta esta historia (1 Sa. 1:20).

De manera similar, María le pidió a Dios que le diera un ministerio, una manera a través de la cual pudiera servirle. Y mira cómo Dios le contestó su oración: Un día, mientras ella adoraba en la iglesia, se dio cuenta de una necesidad en su congregación que no estaba siendo atendida. Los recién bautizados no recibían el cuidado necesario, como si fueran bebés espirituales, lo que ocasionaba que muchos se apartaran al poco tiempo. El reconocer esta neceidad, fue el comienzo de lo que más tarde se convertiría en un formidable ministerio.

Luego de conversar con su pastor, comenzó su ministerio. Ella me contó que lleva a los nuevos conversos a almorzar a su casa los sábados, luego estudian la Biblia y les aclara sus dudas, además de darles seguimiento. Su ministerio es un auténtico discipulado.

5. Involucramiento en el servicio

Encuentro dos ejemplos muy interesantes de cómo, a través del involucramiento en actividades ministeriales, podemos encontrar el ministerio al cual Dios nos llama.

El primer caso es el de Bernabé. Su nombre original era José (véase Hch. 4:36), un destacado líder y colaborador en la iglesia primitiva. Su apodo, que significa "hijo de consolación" o "hijo de exhortación", refleja su carácter como alguien que animaba y apoyaba a otros. Los ministerios de Bernabé se pueden observar en varias facetas a lo largo del NT. Él fue uno de los primeros cristianos en vender sus propiedades y entregar el dinero a los apóstoles para que fuera distribuido entre los necesitados. Este acto de generosidad mostró su compromiso con la comunidad cristiana y su disposición para apoyar al cuerpo de Cristo, lo que probablemente llevó a la comunidad a reconocerlo como un hombre de confianza y de un corazón dispuesto a servir.

Uno de sus ministerios fue el pastoral, y lo descubrió al involucrarse con la naciente y dinámica iglesia de Antioquía. Esta iglesia surgió como resultado de la dispersión de los cristianos de Jerusalén, luego de la muerte de Esteban (véase Hch. 11:19). Lo maravilloso fue que estos cristianos dispersos estaban llenos del Espíritu y, por lo tanto, continuaron siendo activos comunicadores del Evangelio. Lucas agrega que entre ellos "había unos varones de Chipre y de Cirene, los cuales, cuando entraron en Antioquía, hablaron también a los griegos, anunciando el evangelio del Señor Jesús" (11:20). El resultado no se hizo esperar, porque "la mano del Señor estaba con ellos", así que "gran número creyó y se convirtió al Señor" (11:21).

Ante tal novedad, la iglesia de Jerusalén envió a Bernabé, quien vio en aquella naciente iglesia la manifestación de "la gracia de Dios" y, como resultado, "se regocijó" (Hch. 11:23). Me uno al parecer de McGee, quien afirma que por la trascendencia de su obra allí, es de suponer que él "se convirtió en su pastor"[38].

Es de notar que esta iglesia nació motivada, aunque Clements afirma que esta motivación hubiera podido ser apagada por Bernabé, por lo que subraya que "una de las razones por las que algunas de las iglesias más

[38] McGee, p. 134.

conservadoras y bíblicas de la actualidad les falta la visión misionera, es que sus pastores me recuerdan no tanto a Bernabé, el hijo de exhortación, sino al sumo sacerdote Caifás". Entonces, concluye que "necesitamos desesperadamente más pastores como Bernabé"[39].

Descubrimiento. Bernabé debió haber descubierto su ministerio pastoral luego de haberse involucrado en la formación de la iglesia de Antioquía. Es muy probable que, al ver la necesidad y reconocer cómo Dios lo dirigía, aceptara el llamado a pastorear.

Otro caso bíblico es el de Aquila y Priscila, figuras destacadas en el NT, especialmente en el libro de Hechos y las epístolas de Pablo. Aquila, un judío originario del Ponto, una región de la actual Turquía, y Priscila, su esposa, también de ascendencia judía, sirvieron juntos como colaboradores en la obra del evangelio. Esta pareja cristiana desempeñó un papel clave en el ministerio temprano de la Iglesia.

Ellos se encontraron con el apóstol Pablo en Corinto, donde se unieron a él en su trabajo. Pablo se quedó con ellos porque ambos eran fabricantes de tiendas, una profesión que el apóstol también ejercía para ganarse su sustento. La pareja ayudó a Pablo en su ministerio y se mudaron a Éfeso, donde continuaron trabajando y enseñando.

La labor de ellos en la instrucción y apoyo a otros líderes cristianos subraya la importancia del ministerio laico y el papel significativo que las mujeres y hombres pueden tener en la expansión del cristianismo.

Aparte de ser importantes colaboradores de Pablo, Aquila y Priscila se desempeñaron como maestros, ya que ellos comprendieron muy bien el evangelio de Jesús. Los

---

[39] Clements, p. 148.

vemos ejerciendo su ministerio al instruir a Apolos, un elocuente predicador que sólo conocía el bautismo de Juan. Ellos lo tomaron aparte y le explicaron el camino de Dios con mayor exactitud (véase Hch. 18:24-26).

Descubrimiento. La pareja descubriría su llamado al ministerio al colaborar con Pablo y contribuir activamente al desarrollo de la Iglesia Primitiva. Su habilidad para enseñar y su disposición a trabajar en equipo fueron fundamentales para el avance del evangelio.

En resumen, el ministerio de Aquila y Priscila se caracterizó por su apoyo práctico y su dedicación a la enseñanza. Descubrieron su ministerio a través de su encuentro con Pablo y su disposición para trabajar en conjunto con él en la expansión del evangelio. Su relación cercana con Pablo y su participación activa en la vida de la iglesia local reflejan cómo Dios puede llamar a las personas, tanto hombres como mujeres, a desempeñar roles significativos en la obra del reino, sin importar su estatus social o género. A través de su hospitalidad, su enseñanza y su colaboración con otros creyentes, Aquila y Priscila contribuyeron enormemente al fortalecimiento de la iglesia primitiva.

En las entrevistas que realicé a un grupo de ministros activos, en diferentes lugares de Estados Unidos y otros países, pude encontrar a seis ministros en quienes el involucramiento fue la clave para que pudieran encontrar sus ministerios.

La primera es Valentina Pichardo, discípula y miembro de la iglesia Hispana de Harrisburg, Pennsylvania, quien sirve al Señor como Guerrera de Oración. Frecuentemente recibo, vía WhatsApp, oraciones grabadas de parte de ella en mi favor. Ella se levanta, de lunes a viernes, a las 4:00 de la mañana para orar y lo hace hasta las 6:00. Ya son varios los años que ella lleva en esta labor, al punto que ya no tiene que poner la alarma de su reloj para despertarse.

Pero un día se despertó sobresaltada al escuchar un fuerte golpe en la puerta de su dormitorio. Confundida, se preguntó quién podría haber sido, ya que su esposo, el único que estaba en casa con ella, dormía profundamente a su lado. Al mirar el reloj, vio que eran las 4:01. Fue entonces cuando, para su sorpresa, se dio cuenta de que se había quedado dormida. Sin embargo, pronto entendió que había sido Dios, a través de un ángel, quien había tocado a su puerta para despertarla. Consciente de las muchas necesidades a su alrededor, supo que no podía permitirse tomar el día sin interceder en oración por tanta gente que lo necesitaba.

Valentina entiende que descubrió su ministerio al involucrarse en una semana de oración de mujeres, celebrada en su iglesia. Fue tan lindo el tiempo que pasaron en oración que se motivó a hacer de esta disciplina espiritual su ministerio.

Código QR donde el lector podrá tener acceso al video con la entrevista que le hice a Valentina Pichardo.

El segundo es Rubén Villarreal, a quien conocí en un viaje misionero a la Patagonia, en Argentina. Él se dedica a impartir estudios bíblicos. Descubrió su ministerio después de pasar un tiempo enseñando las verdades bíblicas a diferentes personas, debido a que alguien lo invitó. En aquel momento pensó que sería solo esa vez que lo haría, pero fue tan impactante para él esta experiencia, que hoy él reconoce que está haciendo lo que le gusta, y se siente muy feliz pues, al mismo tiempo está haciendo lo que Dios le encomendó.

Código QR donde el lector podrá tener acceso al video con la entrevista que le hice a Rubén Villarreal.

El tercero y el cuarto son Luz y Frank Chang, esposos, que forman un equipo dinámico especializado en impartir estudios bíblicos. Ellos son miembros de una de las iglesias que pastoreo, la de Melbourne, en Florida. Sin exagerar, su pasión por las almas es palpable. Comparten la Palabra tanto en su grupo pequeño como en las casas de los interesados.

Luz Chang afirma que su amor por compartir la Palabra de Dios surgió cuando tenía 12 años. En aquel tiempo, entrando en la adolescencia, la iglesia le parecía aburrida. Fue entonces cuando, un pastor, al que ella estima mucho, le pidió permiso a su mamá para que le permitiera llevarla a impartir estudios bíblicos. Actividad que impactó su vida, al punto que decidió que ese sería su ministerio.

Hoy ellos están jubilados, pero no retirados, pues se gozan en dedicar su tiempo a servir al Señor en este ministerio. Ellos usan la expresión "gastarse en la obra del Señor" y consideran que esto es "un gran privilegio".

Código QR donde el lector podrá tener acceso al video con la entrevista que le hice a Luz y Frank Chang.

El quinto es Jasiel Amiel, un joven de 24 años que vive en el estado de Kentucky. Lo conocí una vez que fui a su iglesia a impartir un seminario de movilización ministerial. El quedó emocionado con lo aprendido, al punto que, al final, quiso conversar conmigo y contarme su testimonio ministerial.

Jasiel está por obtener la licencia de Contratista General (General Contractor, en inglés) y, como tal, tiene aspiraciones profesionales muy grandes. Él se relaciona con contratistas muy exitosos y ellos le han enseñado sus secretos de éxito. Sus amigos contratistas son millonarios y, como tal, viven en la opulencia.

No es de extrañar que Jasiel tenga deseos de ser exitoso, llegando a ganar mucho dinero. Sin embargo, su plan es utilizar su dinero para la filantropía, es decir, resolver muchos problemas de la gente necesitada.

Pero usted dirá, "¡qué buena aspiración!", y lo es. Pero lo más impresionante es que Jasiel ya lo es. Él ya, con sus modestos recursos, vive para ayudar a otros. Él considera que lo que hace es su ministerio, y realmente lo es.

Cuando le pregunté cómo se dio cuenta que Dios lo llamaba a desempeñar ese ministerio, me respondió que ha sido un proceso, un proceso que comenzó dándose cuenta de que los bienes materiales realmente no satisfacen el corazón a largo plazo, por lo que decidió comenzar a ayudar a los demás, y eso sí que llenó su corazón. De esta manera decidió dedicarse a este ministerio. Su oración es que Dios le permita ganar más para hacer más.

Código QR donde el lector podrá tener acceso al video con la entrevista que le hice a Jasiel Amiel.

Finalmente, veamos el caso de Adán y Mónica, dos discípulos que viven en la provincia de Neuquén, Argentina. Ellos ministran en las cárceles y sienten gran alegría al saber que ese es su ministerio. La historia de cómo descubrieron su llamado es muy interesante.

Todo comenzó un día cuando Adán, un policía que servía en la mencionada ciudad, le entregó a su jefe una revista de su iglesia. El jefe la recibió con agrado y quedó profundamente intrigado por un tema en particular.

Un tiempo después, su jefe fue trasladado para encargarse de una prisión de máxima seguridad. Ahora observa cómo Dios muestra que está al control de nuestras vidas: un cristiano que conocía a Adán visitó esa prisión para ministrar y le regaló al jefe la misma revista que Adán le había entregado meses atrás. Al verla, el jefe la recordó, y cuando hizo el comentario, ambos se alegraron.

Resulta que este misionero conocía a Adán, y cuando logró contactarlo, le pidió que fuera a esa prisión a ministrar. Adán se lo contó a su esposa, por lo que ambos aceptaron el llamado. Aunque al principio estaban temerosos al dudar que los reclusos les prestaran atención, al ver que eran escuchados con interés, se enamoraron de ese ministerio, y desde entonces lo han desempeñado con dedicación.

Código QR donde el lector podrá tener acceso al video con la entrevista que le hice a Mónica y Adán.

6. Inventario de talentos y recursos

Cada uno de nosotros poseemos talentos heredados y adquiridos. Aunque Dios no está limitado a ellos, a menudo los utiliza, es más, el caso de Raquel Nual indica que ellos pudieran ser elementos influyentes en el descubrimiento de nuestro ministerio.

Ya vimos el caso de Raquel cuando hablamos de las razones para ministrar, en específico, el agradecimiento. Ante el dilema de cómo descubrir su ministerio, ella me cuenta que Dios le mostró que le había dado el talento de escribir de manera amena, por lo que decidió confeccionar pequeñas reflexiones diarias, las cuales hoy comparte a través de las redes sociales y que están siendo de bendición para cuantos las reciben.

Como puedes ver, Raquel encontró su ministerio a partir de su pasión misionera, su agradecimiento a Dios y su talento como escritora. Para que puedas tener una idea de lo que ella hace, a continuación te comparto una de sus reflexiones.

Lunes ✅ 13 de Enero

PRONÓSTICO EL SOL

Hace muchos años que esta familia vive al norte del estado de Florida, un estado bastante cálido; aunque, en ocasiones, bastante frío; como esa noche que la temperatura bajó a 27 Fahrenheit, que es más o menos -2 grados centígrados. Cuando alguien de esa familia miró por la ventana esa mañana, su carro negro se veía blanco, pues estaba cubierto de hielo y el pasto también.

Pero sucedió algo que le llamó la atención: El sol empezó a salir y ella vio como el calor comenzó a derretir el duro hielo. En cuestión de dos horas el calor del sol lo había derretido por completo.

MALAQUIAS 4: 2

MÁS A VOSOTROS LOS QUE TEMEIS MI NOMBRE, NACERA EL SOL DE JUSTICIA, Y EN SUS ALAS TRAERA SALVACION; Y SALDREIS, Y SALTAREIS COMO BECERROS DE LA MANADA.

¿Sabes? a través de los años he conocido personas muy buenas y de corazón sensible; pero también he conocido personas de corazón duro y frío como un pedazo de hielo.

Pero el texto de hoy me da alegría, porque compara a Jehová con el sol de justicia. Y ese Sol de Justicia puede derretir el corazón duro y frío y convertirlo en un corazón sensible y abierto a recibir el amor de

Dios.🩶 Mi oración 🙏 es: Que el sol ☀️ de justicia pueda sensibilizar nuestro corazón, 🩶 al punto que estemos abiertos para recibir en nuestra vida a: CRISTO JESÚS.

Raquel N.🙏 Un bonito día

Código QR donde el lector podrá tener acceso al video con la entrevista que le hice a Raquel Nual.

7. Definir qué actividad te atrae

Algunos le llaman vocación, yo prefiero llamarle atracción, ya que es una inclinación hacia ciertas actividades. Algunas de las personas que pude entrevistar, manifestaron que habían descubierto su ministerio a partir de experimentar atracción hacia los mismos.

Este es el caso de Arody y Hugo, dos discípulos de Jesús que viven en el estado de Milwaukee. Ellos dirigen el ministerio de alabanza en su iglesia y donde los inviten. En especial, Arody, quien se involucró en ese ministerio desde los cinco años, debido a que sintió una profunda atracción hacia la música.

Código QR donde el lector podrá tener acceso al video con la entrevista que le hice a Arody y a Hugo Carrazco.

Angélica Cortés, discípula de Jesús y miembro de la iglesia de Northwood, en Florida, es otra persona que encontró su ministerio tras experimentar una profunda atracción hacia él. Ella cuenta que, siendo muy joven, sintió un fuerte deseo de llevar a la gente a Jesús y ese es hoy su ministerio.

Al principio, ministraba de diversas formas mientras pasaba tiempo en la calle. Sin embargo, cuando su trabajo le exigió permanecer durante meses en una casa cuidando a una anciana, tuvo que adaptar su manera de ministrar. Fue entonces cuando comenzó a contactar a las personas durante su trayecto en el tren, aprovechando la hora y media de viaje.

Código QR donde el lector podrá tener acceso al video con la entrevista que le hice a Angélica Cortés.

La otra persona que tuve el privilegio de entrevistar y que manifestó que la atracción hacia lo que hoy es su ministerio fue la clave para descubrirlo, fue Pablo Remesano, un empresario y discípulo de Cristo que vive en la provincia argentina de Neuquen. Su ministerio es la atención pastoral, incluida la predicación. Él afirma que, desde su niñez, se sintió atraído hacia ese ministerio. Aunque no es un pastor profesional, dedica buen tiempo a pastorear voluntariamente en su iglesia.

Código QR donde el lector podrá tener acceso al video con la entrevista que le hice a Pablo Remesano.

Finalmente, veamos el caso de Norberto Torres, un discípulo, miembro de la iglesia de Vero Beach, Florida. Él ministra llevando el mensaje de salvación a las nuevas generaciones, utilizando las herramientas digitales que están al alcance de todos. Su ministerio consiste en componer canciones con un fuerte contenido bíblico y evangelístico, utilizando herramientas de inteligencia artificial para la generación de melodías y arreglos. Además, sus composiciones las presenta con videos cortos, creados con ese mismo motor de análisis inteligente, complementando la música y reforzando el mensaje. Utiliza la plataforma YouTube, con el potencial de alcanzar a un público ilimitado. Estos videos los publica semanalmente.

Él está feliz, pues con sus videos ha alcanzado a numerosas personas en varios países y regiones. Ha recibido muchos comentarios positivos y mensajes de agradecimiento de quienes se han sentido inspirados por su ministerio. Incluso, ya tiene testimonios de personas que han aceptado a Cristo como su Salvador después de verlos.

Cuando le pregunté cómo había descubierto su ministerio, no vaciló en decirme que sintió el llamado a compartir el amor de Dios de una manera innovadora y creativa. Además, destaca que siempre ha sentido una conexión especial con la música y la tecnología, de tal manera que cuando descubrió las herramientas de inteligencia artificial, vio una oportunidad única de combinar su pasión con la misión dada a la iglesia por Jesús. Su gran deseo es compartir el amor de Dios con los demás y hacer una diferencia en el mundo. Para él esto es lo que lo impulsa a continuar ministrando.

8. Observación de las necesidades

Percatarse de las necesidades misionales de la iglesia fue el factor más común que llevó a la mayoría de los entrevistados a descubrir sus ministerios. Además, al investigar los ejemplos bíblicos, noté que esta también es la causa más frecuente. Comencemos analizando los casos de Pablo, Bernabé, Lidia, Estéfanas, Tito, Felipe el evangelista, Tabita y Gayo.

Apóstol Pablo

Ministerio de plantación de iglesias. A lo largo de sus tres grandes viajes misioneros, Pablo estableció iglesias en ciudades clave del mundo grecorromano, como Corinto, Éfeso, Filipos, Tesalónica, entre otras.

El establecimiento de iglesias fue crucial para el crecimiento del cristianismo en esos tiempos. Además, Pablo no solo fundaba las iglesias, sino que también las fortalecía mediante visitas y cartas. También ayudó a organizar a los líderes locales, nombrando ancianos y obispos, y ofreciendo instrucción pastoral sobre cómo guiar y nutrir a las congregaciones.

Descubrimiento: Después de su conversión y su tiempo de preparación en el desierto de Arabia (véase Gá. 1:17), Pablo comenzó a ver la necesidad de formar comunidades cristianas organizadas en los lugares donde predicaba. En su primer viaje misionero con Bernabé, él fundó varias iglesias en Asia Menor (véase Hch. 13-14).

Ministerio de reconciliación y unidad. Un ejemplo significativo de su ministerio de reconciliación fue su insistencia en que los gentiles no necesitaban someterse a las leyes judías, como la circuncisión, para convertirse en cristianos (véase Hch. 15:1-21).

En su carta a los Efesios (2:14-18), Pablo enfatizó que Cristo había derribado el muro de separación entre judíos y gentiles, creando una nueva humanidad. Este ministerio fue clave para la unidad de la iglesia primitiva, ya que permitió que tanto judíos como gentiles adoraran juntos y se consideraran iguales en Cristo.

Descubrimiento: Desde el principio, Pablo entendió que había una tensión negativa entre los judíos y los gentiles dentro de la iglesia. Al ser judío de nacimiento, pero llamado a ministrar entre los gentiles, Pablo fue capaz de ver ambas perspectivas y buscó reconciliar las diferencias.

Ministerio de discipulado. Pablo formó y discipuló a varios individuos que resultaron ministros clave, como Timoteo, Tito y Silas. A Timoteo le dio instrucciones específicas sobre cómo liderar y pastorear (véase 1 y 2 Timoteo) y a Tito le encomendó el cuidado de las iglesias en Creta (véase Tito 1:5). Este discipulado fue clave para el crecimiento y la estabilidad de la iglesia, ya que Pablo sabía que su misión continuaría a través de aquellos a quienes había entrenado.

Descubrimiento: A medida que Pablo fue avanzando en su ministerio, se dio cuenta de la importancia de llevar a la madurez a los nuevos conversos. En varias ocasiones, él encontró discípulos jóvenes con gran potencial para el ministerio, pero que necesitaban ser guiados y formados en la fe, por lo que, fue la necesidad de formar más líderes lo que lo llevó a desempeñar este ministerio.

Ministerio de apologética. A lo largo de su ministerio, Pablo defendió la fe cristiana ante tribunales, líderes religiosos y filósofos. Uno de los momentos más famosos de su ministerio apologético fue su discurso en el Areópago de Atenas, donde presentó el evangelio a los filósofos griegos (véase Hch. 17:22-31). También escribió cartas como Gálatas y Romanos para abordar cuestiones teológicas importantes y defender la verdad del evangelio frente a las falsas enseñanzas.

Descubrimiento: Desde el comienzo de su ministerio, Pablo mostró habilidad para defender el evangelio ante diversas audiencias, tanto judías como gentiles. Era un hombre educado, bien versado en la ley judía y la filosofía griega, lo que le permitió razonar con las personas de manera efectiva. Sobre todo, al ver la necesidad de presentar defensa a favor del evangelio.

Bernabé y otros

Bernabé fue otro que se convirtió en pastor de la naciente iglesia de Antioquía al ver la necesidad de pastorearlos. Algo parecido pasó con Lidia, la comerciante que aceptó a Jesús a la orilla del río, aquel memorable sábado en el cual Pablo la encontró allí adorando a Dios. Es interesante que ella se percató de la necesidad que tenía Pablo de ser hospedado y esa acción seguramente abrió el camino para su ministerio.

Estéfanas fue uno de los primeros convertidos en Acaya, y junto con su familia se dedicaron al servicio de los santos, es decir, sus hermanos en la fe. Pablo los menciona como un ejemplo de devoción al ministerio de la iglesia y al servicio a los creyentes.

El ministerio de Estéfanas se evidenció por su disposición a servir a los cristianos de manera práctica. Por lo que, al ver la necesidad que la iglesia tenía de ese servicio, tanto él, como su familia, se ofrecieron para llevar a cabo ese ministerio.

Tito fue uno de los compañeros de confianza del apóstol Pablo y desempeñó un papel importante en los primeros ministerios de la iglesia. De su variedad de ministerios, el de predicador y maestro pudo haber sido descubierto por él al ver la necesidad que había de enseñanza y predicación.

Felipe, el evangelista, fue una figura clave en el desarrollo de la iglesia primitiva y su ministerio es mencionado varias veces por Lucas en el libro de Hechos de los Apóstoles (véase Hch. 6:1-6; 8:5-40; 21:8). Su ministerio como evangelista fue una extraordinaria bendición, pues ayudó a expandir el evangelio. Es casi seguro que Felipe, al ver la necesidad de proclamar el evangelio, decidió involucrarse en esa labor.

Tabita, también conocida como Dorcas, es un personaje ejemplar en el NT por su servicio a los necesitados. Se la menciona en Hechos 9:36-42, donde se describe su vida y ministerio en la comunidad cristiana de Jope. El registro de su historia, aunque breve, ilustra cómo es posible descubrir y ejercer un ministerio vital en la iglesia a través de actos de bondad y servicio.

El impacto de Tabita fue evidente en la comunidad cristiana de Jope, al punto de que, cuando enfermó y murió, las viudas que habían sido beneficiadas por su ministerio mostraron las prendas que ella les había hecho, llorando su pérdida. Su vida de servicio fue tan significativa que su muerte dejó un gran vacío en la comunidad, lo que motivó a los discípulos a buscar la intervención divina.

Tras su muerte, los discípulos enviaron a buscar a Pedro, aprovechando que se encontraba de gira misionera en una ciudad cercana. Pedro acudió a Jope, y después de orar, la resucitó. Su resurrección fue un testimonio poderoso de la obra de Dios en la vida de su pueblo, y como resultado, "muchos creyeron en el Señor" (Hch. 9:42).

Tabita fue conocida por sus actos de caridad y buenas obras, especialmente entre los pobres y las viudas de su comunidad. Se la describe como alguien "abundante en buenas obras y limosnas" (Hch. 9:36). Su ministerio se centraba en coser ropa y hacer otras prendas para quienes no podían costearlas. Este servicio práctico demostró su compasión y cuidado por los más vulnerables de la sociedad.

Otro discípulo de Jesús, que seguramente descubrió su ministerio a partir de ver la necesidad, fue Gayo, un cristiano notable en la iglesia primitiva, mencionado por el apóstol Juan en su tercera carta como alguien que mostraba hospitalidad y apoyo a los misioneros itinerantes. También fue mencionado por Pablo en Romanos como uno de los anfitriones de la iglesia en Corinto. Su casa fue un lugar de reunión para los cristianos, lo que indica que su generosidad y apoyo práctico fueron esenciales para el crecimiento y la unidad de la iglesia. Percibir la necesidad de alcanzar a los perdidos de maneras no convencionales fue, sin duda, un elemento clave en el descubrimiento de su ministerio.

Ministros contemporáneos

Como mencioné al inicio de esta sección, no solo muchos ministros en el NT, sino también en la actualidad, han descubierto sus ministerios al reconocer la necesidad misional.

En la iglesia de hispana de Handford, California, no estaba organizado el ministerio de los almuerzos. Por lo que Juan, un discípulo comprometido con el avance de la obra de Dios en esa congregación, se percató de esa necesidad y comenzó lo que hoy es un ministerio bien estructurado en esa iglesia.

Fue al observar a los hermanos y visitantes que llegaban a la iglesia cada sábado, sin tener qué almorzar, lo que llevó a este siervo de Dios a responder al llamado que el Señor le estaba haciendo.

Código QR donde el lector podrá tener acceso al video con la entrevista que le hice a Juan Rodríguez.

El otro es el ya conocido Pablo Remesano, quien además de ser pastor voluntario, es filántropo. El ser filántropo incluye destinar de sus propios recursos para determinados proyectos. Varios desafíos misioneros han sido resueltos a través de él.

Actualmente está terminando la construcción de un colegio secundario, el cual será administrado por la iglesia en su comunidad. Esta entidad educativa será el medio a través del cual muchos jóvenes serán beneficiados, además de ser una manera más de alcanzarlos para Jesús.

¿Cómo descubriría él este ministerio? Pues, al ver la necesidad de recursos para la misión.

Código QR donde el lector podrá tener acceso al video con la entrevista que le hice a Pablo Remesano.

Conocí a Nano como electricista y operador de sonido en la iglesia de Palmer, Puerto Rico. Sin embargo, un día me sorprendió saber que estaba pastoreando una iglesia en Florida. Honestamente, nunca me imaginé tal cosa.

Todo sucedió cuando él llegó a la ciudad de Lake Wales. Allí los pocos adventistas hispanos de esa ciudad se reunían en la iglesia de habla inglesa. Un tiempo después ellos solicitaron un espacio para celebrar sus servicios en español, petición que les fue concedida, y Nano pasó a ser el operador de sonido de esa naciente iglesia.

Ante el continuo crecimiento de ese grupo, se hizo necesario que surgiera un líder que lo pastoreara. Cierto día recibieron la visita del director de los pastores voluntarios de la Asociación de Florida, quien vino con la misión de explorar si había alguien en esa congregación dispuesto a aceptar ese desafío. Después de escuchar el apelativo sermón, Nano dijo que él lo haría, sin recordar que aceptar esa responsabilidad limitaría sus planes familiares, pero, convencido de que se trataba de un llamado de Dios, no vaciló en aceptarlo. Su esposa, Ineabelle, al principio trató de quitarle la idea, pero pronto se dio cuenta de que era

Dios quien lo estaba llamando y le dio su apoyo con sumo gozo.

Es necesario destacar que Nano tenía serias limitaciones que podrían ser un impedimento real para ese ministerio. Por ejemplo, él nunca fue dado a la lectura y mucho menos a hablar en público, por lo que sus habilidades de escritura y oratoria eran muy escasas. Sin lugar a dudas, si Dios lo llamaba al ministerio pastoral, tendría que hacer una obra grande en él, ya que se vería muy limitado para pastorear esa naciente congregación. Solo que Nano no se preocupó por esto, ya que siempre tuvo claro que, si Dios lo llamaba, lo habilitaría para el servicio.

Pasó el tiempo, Dios lo habilitó y Nano se convirtió en un pastor muy exitoso. El grupo creció, llegando a ser una pujante iglesia de más de 200 miembros, llena de jóvenes y personas talentosas, una verdadera atracción en toda la región.

Después de varios años de exitoso ministerio, Nano e Ineabelle decidieron mudarse al estado de Carolina del Sur, donde se han encontrado, otra vez, con un grupo pequeño de personas que se reúnen para adorar a Dios. Tal vez él pensó retirarse de la labor pastoral al mudarse a esa zona, pero Dios sigue necesitándolo y él le ha dicho, como también Isaías en su tiempo: "Heme aquí, envíame a mí".

Código QR donde el lector podrá tener acceso al video con la entrevista que le hice a Nano e Ineabelle Escobar.

También ya te hablé de Arody y Hugo Carrazco, quienes se dedican al ministerio de la alabanza. Ellos decidieron consagrarse a este ministerio a partir de ver la necesidad de que la iglesia alabe a Dios. Quiero destacar que una cosa es tocar un instrumento musical y otra es dirigir la alabanza con el propósito de que la iglesia alabe.

Código QR donde el lector podrá tener acceso al video con la entrevista que le hice a Arody y a Hugo Carrazco.

El otro caso es el de Jehú, a quien conocía como empresario, no como ministro. Los empresarios tienen poco tiempo y generalmente se conforman con apoyar la misión aportando de sus recursos. Pero Jehú, aunque aporta de sus recursos a la misión, dedica buen tiempo a ministrar a los presos y a sus familiares. Dios lo ha bendecido mucho, pues lo normal es que le den acceso a la prisión una vez por semana y a él le permiten hacerlo varias veces. Dios lo usa poderosamente.

Cuando le pregunté cómo había descubierto su ministerio, no vaciló ni un segundo en decirme que "por la necesidad del pueblo". Jehú vio que había necesidad de que alguien atendiera a los reclusos y a sus familiares y no fue rebelde a ese llamado.

Código QR donde el lector podrá tener acceso al video con la entrevista que le hice a Jehú Díaz.

9. Análisis de las circunstancias

Las circunstancias impactantes de la vida pueden ser utilizadas por Dios para mostrarnos que nos llama a desempeñar determinado ministerio. Veamos el caso de David: Su gran pecado lo llevó a una crisis que sacudió su vida (lea el Salmo 32). Lo interesante es que esa experiencia traumática lo llevó a ser un ministro de Dios. ¿Te sorprende esto? Pues leamos Salmos 32:13: "Entonces enseñaré a los transgresores tus caminos, y los pecadores se convertirán a ti". La TLA lo presenta de la siguiente manera: "A los pecadores les diré que deben obedecerte y cambiar su manera de vivir". ¿Lo notaste? A partir de entonces, David se convirtió en un instrumento de Dios para ayudar a los pecadores a cambiar su manera de vivir.

Uno de mis compañeros en el ministerio es un joven a quien un día lo escuché darles gracias a los administradores por "haberlo aceptado como pastor". Sí, es bueno ser agradecido, pensé, pero confieso que me quedé algo intrigado. Un tiempo después escuché su testimonio. Resulta que este joven pastor había tenido un estilo de vida totalmente desordenado. Aquellos que lo conocieron, jamás pensaron que Dios podría sacar de allí a un pastor.

Un día, en medio de su extravío, recibió la llamada de un amigo, alguien que lo acompañaba en sus desórdenes, que le dijo: "Te llamo porque me voy a suicidar y no quiero morir sin antes decírtelo, pues tú eres mi mejor amigo". Esto fue lo que Dios usó para despertarlo y comenzar en él el proceso del cambio a una vida santa. Hoy él es un exitoso pastor, un gran instrumento de Dios que está llevando a muchos jóvenes a los pies de Jesús.

En el NT encontramos el caso de Felipe. Ya vimos que él seguramente era un evangelista antes de ser nombrado diácono. Hago esta afirmación en base a que él estaba lleno del Espíritu Santo, y dado que todo el que lo está se enrola en el ministerio. No existe tal cosa como que estemos llenos del Espíritu y nos mantengamos ociosos.

Aunque Felipe era un evangelista, su ministerio lo ejercía de manera local, en Jerusalén. Pero, al llegar la persecución, como resultado de la muerte de Esteban, los cristianos fueron dispersados y Felipe se fue a Samaria. Desde entonces lo vemos predicando en esa región y por toda Cesarea. En otras palabras, que Felipe, producto de las circunstancias, se convirtió en un evangelista itinerante. Hoy en día lo llamaríamos "evangelista internacional".

Es maravilloso que, unos veinte años después de su nombramiento como diácono, Lucas lo presenta como "el evangelista" (Hch. 21:8). Para nada estaba ocioso, es más, sus hijas también ministraban.

Tres de mis entrevistados afirman que descubrieron su ministerio a partir de las circunstancias que vivieron. La primera es Vilma Calderón, una discípula, miembro de la iglesia de Cocoa, en el estado de Florida. Ella vive agradecida a Dios porque él la sanó de un cáncer hace 21 años. Ella llegó a comprender que Dios le permitió la vida, entre otras razones, para que se dedicara al ministerio que oportunamente descubrió. Por su experiencia con la enfermedad, ella se dio cuenta de que Dios la llamaba a ser una guerrera de oración y se unió a un grupo mundial de intercesoras.

Código QR donde el lector podrá tener acceso al video con la entrevista que le hice a Vilma Calderón.

Los segundos son Elda y Carlos. Definir el ministerio de ellos es un poco difícil, pues realizan una infinidad de tareas para Dios. Los he conocido como pastores voluntarios, como líderes de grupos pequeños, como maestros bíblicos, como consejeros, como hospedadores, etc. Yo diría que es difícil encontrar personas que vivan para servir a Dios como ellos. Eso es lo que puedo testificar, después de conocerlos por cinco años.

Pero, al indagar con ellos cuál era su ministerio, la respuesta fue, el servicio: "Nos gusta ser hospedadores y compartir con todo el mundo". Agregaron que ellos "son fieles servidores de Jesús" y que "aman al prójimo". Ellos hacen "las tres cosas que Jesús hizo: hacer amigos, suplir sus necesidades y después invitarlos a venir a Jesús".

Al preguntarles cómo descubrieron que Dios los llamaba a un ministerio tan amplio, ellos respondieron que fue a través de diversas experiencias de la vida. Estas vivencias les permitieron reconocer la mano de Dios obrando a su favor y, al reflexionar sobre cómo podrían servirle, comprendieron que su llamado estaba orientado hacia el ministerio del servicio, donde podían canalizar su pasión y habilidades para la gloria de Dios.

10. Atender las impresiones externas

Dios tiene muchas maneras de hacernos ver que nos llama a ministrar. Una de esas maneras es a través de otras personas. En el NT encontramos varios ejemplos que avalan esta declaración.

Bernabé y Pablo recibieron el llamado a evangelizar por el mundo a través de los profetas en Antioquía. Por su parte, es muy probable que Timoteo fuera animado por Pablo a dedicarse al ministerio pastoral, a la enseñanza, la evangelización y el servicio. Algo similar ocurrió con Tito, quien también pudo haber recibido el llamado de Pablo a los ministerios de colaboración misionera (junto con él), administración y como maestro-predicador. La misma Lidia, quien en aquella memorable ocasión hospedó a Pablo, pudo haber sido animada por él a dedicarse a ese ministerio.

Una de mis entrevistadas, Margarita Velázquez, afirma que Dios le mostró que debía dedicarse al ministerio de atención a los enfermos, a través de un sueño.

Código QR donde el lector podrá tener acceso al video con la entrevista que le hice a Margarita Velázquez.

11. Práctica del posible ministerio

Practicar el ministerio que creemos que Dios nos ha dado es una manera de descubrir que lo tenemos. Por ejemplo, Timoteo y Tito fueron invitados por Pablo a ministrar y ellos aceptaron y comenzaron a ejercerlo. Fue al practicarlo cuando realmente supieron que habían sido llamados por Dios para ejercerlo.

Algo parecido sucedió con Mónica y Adán, ellos fueron invitados a ministrar en las prisiones, pero fue al practicar el ministerio que vieron cómo Dios los ayudaba a desempeñarse y hoy son ministros gozosos.

Código QR donde el lector podrá tener acceso al video con la entrevista que le hice a Mónica y a Adán.

12. Buscar la confirmación

Muchas veces se necesitará la confirmación de otras personas para que podamos estar seguros del llamado a determinados ministerios. En el NT encontramos varios ejemplos. Uno de ellos fue Pablo, a quien Bernabé fue a buscar a Tarso para que se uniera a él en el ministerio. Otro fue Timoteo, quien fue confirmado mediante profecía (véase 1 Ti. 4:14).

Ya conoces a Glenda, la guerrera de oración. Ella descubrió su ministerio cuando un hermano en la fe se le acercó y le dijo que ese debía ser la labor a la que ella se dedicara para Dios. Seguidamente ella pasó un tiempo buscando la confirmación de parte de Dios, hasta que él se lo confirmó a través de un programa de oración llevado a cabo en su iglesia.

Código QR donde el lector podrá tener acceso al video con la entrevista que le hice a Glenda Andino.

Ya conoces también a Margarita Velázquez, quien descubrió su ministerio porque Dios se lo mostró en un sueño. Bueno, el sueño fue el inicio, lo que "la despertó" a ese ministerio, pero experimentó la confirmación en el seminario "El Movilizador", que impartí en su iglesia.

Código QR donde el lector podrá tener acceso al video con la entrevista que le hice a Margarita Velázquez.

En este capítulo, resalté la importancia de observar cómo otros han descubierto sus ministerios, proporcionando inspiración y guía para quienes buscan entender su propio llamado. A través de diversos ejemplos bíblicos y contemporáneos, se demostró que el descubrimiento del ministerio no sigue un único camino, sino que puede surgir de diferentes experiencias y circunstancias.

Jesús, como modelo principal, mostró que el estudio profundo de las Escrituras y la guía del Espíritu Santo son esenciales para identificar y cumplir un ministerio. De igual manera, otros personajes bíblicos como Pablo, Felipe, Bernabé y Tabita encontraron su ministerio al observar necesidades misionales, analizar las circunstancias de sus vidas y responder al llamado de Dios.

Aquí también abordé elementos modernos y prácticos que facilitan el descubrimiento del ministerio: desde la reflexión personal y la oración intensa hasta la práctica activa y la confirmación externa. Las historias contemporáneas de personas que descubrieron sus ministerios a través de la gratitud, la observación de necesidades y el involucramiento en la obra de Dios refuerzan que cada creyente tiene un propósito único dentro del cuerpo de Cristo.

En resumen, descubrir el ministerio es un proceso que combina búsqueda espiritual, acción concreta y sensibilidad a la dirección de Dios. Este camino no solo enriquece la vida del creyente, sino que también contribuye al fortalecimiento de la iglesia y al avance de la misión divina en el mundo.

CAPITULO 5

Pasos para descubrir tu ministerio

El acto de descubrir el ministerio al que hemos sido llamados lo comparo con la concepción de un hijo deseado. Sí, porque descubrir nuestro ministerio es el deseo intenso de hacer algo especial para Dios, con quien tenemos una relación de amor.

Descubrir el ministerio al cual Dios te llama es como llegar a tener un hijo deseado. Sí, porque se concibe en una relación de amor íntimo con Dios, al que le preguntamos: "Señor, ¿en qué quieres que te sirva?" Una vez que lo damos a luz, lo amamos por siempre y nos dedicamos plenamente a él.

A lo largo de la historia, tanto bíblica como contemporánea, ha habido elementos clave que guían a los creyentes en este proceso. Este capítulo reúne algunos de esos elementos y los organiza en pasos prácticos para ayudarte a encontrar tu lugar en la obra del ministerio.

Paso 1: Estudia y reflexiona

El primer paso esencial para encontrar tu ministerio es sumergirte en la Palabra de Dios. Las Escrituras son una fuente viva de dirección y enseñanza. Por ejemplo:

- Jesús descubrió su ministerio a través de la reflexión sobre Isaías 61:1-2 (veáse Lc. 4:16-21).
- Dedica tiempo a leer y meditar en pasajes que hablan del servicio, el discipulado y los dones espirituales. Permite que el Espíritu Santo ilumine tu comprensión.

Acción sugerida: Dedica al menos 15 minutos diarios a estudiar la Biblia, buscando temas relacionados con el ministerio y el servicio.

Paso 2: Ora intensamente

La oración es un medio fundamental para discernir el llamado de Dios. Ejemplos como Nehemías y Ana nos muestran que la oración ferviente puede revelar el propósito divino.

- Nehemías, tras recibir noticias de la condición de Jerusalén, ayunó y oró intensamente antes de actuar (véase Ne. 1:4-11).

Acción sugerida: Dedica un periodo de oración diaria, enfocándote en pedir claridad sobre el ministerio al cual Dios te está llamando.

Paso 3: Medita en las circunstancias que han dejado una huella en tu vida

Pregúntate si algunas de las circunstancias por las cuales has pasado te impulsan a ministrar.

- Pablo se sintió impulsado por la gratitud y su sentido de deuda hacia el evangelio (véase Ro. 1:14).
- Raquel Nual encontró su ministerio al comprobar la fragilidad de la vida, luego de la pandemia del COVID-19.

Acción sugerida: Confecciona una lista de razones que te conducen a dedicar tu vida al servicio del Señor.

Paso 4: Involucramiento práctico

Muchas personas descubrieron su ministerio al involucrarse activamente en ministerios. La práctica puede revelar pasiones y habilidades desconocidas.

- Bernabé descubrió su ministerio pastoral al ser enviado a apoyar a la iglesia de Antioquía (véase Hch. 11:22-26).

Acción sugerida: Participa en diferentes actividades o ministerios en tu iglesia. Observa cuáles resuenan contigo y dónde sientes paz y alegría al servir.

Paso 5: Inventario de talentos y recursos

Haz un balance de las habilidades, talentos y recursos que Dios te ha dado. Éstos pueden ser indicios de cómo puedes servir.

- Raquel Nual descubrió su ministerio al darse cuenta de su talento para escribir y su deseo de impactar a otros a través de reflexiones diarias.

Acción sugerida: Haz una lista de tus talentos, pasiones y recursos. Pregúntate: ¿Cómo podría usar esto para la gloria de Dios?

Paso 6: Observación de necesidades

Estar atento a las necesidades de tu iglesia o comunidad puede ser clave para identificar tu ministerio.

- Tabita (Dorcas) respondió a las necesidades de los pobres al confeccionar ropa para ellos (veáse Hch. 9:36-43).
- Nano descubrió su llamado pastoral al ver la necesidad de liderazgo en una iglesia en crecimiento.

Acción sugerida: Observa las actividades de tu iglesia y de toma nota de las áreas que necesitan apoyo. Pregunta a los líderes cómo puedes ayudar. Además, presta atención a las necesidades de tu comunidad, ya que ella es una fuente misional para el desarrollo de ministerios[40].

[40] Para más información acerca de cómo encontrar en tu comunidad una fuente misional de ministerios, te invito a leer el capítulo 2 de mi otro libro, "El Movilizador".

Paso 7: Análisis de circunstancias

Las experiencias de la vida, incluso las más difíciles, pueden apuntar al ministerio al que Dios te llama.

- David se convirtió en un ministro luego de pasar por la amarga experiencia de su pecado.
- Las circunstancias convirtieron a Felipe en un evangelista itinerante.
- Raquel Nual, Vilma Calderón y Elda Franco descubrieron sus ministerios respectivos luego de pasar por experiencias que impactaron sus vidas.

Acción sugerida: Reflexiona sobre los momentos clave de tu vida. Pregunta a Dios cómo esas experiencias podrían ser usadas para su gloria.

Paso 8: Práctica y confirmación

Dios puede confirmar tu llamado a través de experiencias, personas o circunstancias.

- Mónica y Adán descubrieron que debían dedicarse al ministerio de las prisiones por la invitación un amigo. Luego, al involucrarse y ver que Dios los usaba, sintieron que estaban confirmando su ministerio.

- Timoteo fue confirmado a través de la intervención profética (véase 1 Ti. 4:14).

Acción sugerida: Busca consejo de mentores espirituales y presta atención a las señales que Dios pueda estar usando para confirmar tu ministerio.

Paso 9: Sensibilidad al Espíritu Santo

Finalmente, permanece abierto a la guía del Espíritu Santo. Él puede usarte de maneras inesperadas, como sucedió con Felipe, quien fue guiado a predicar en Samaria y más allá (véase Hch. 8:5-40).

Acción sugerida: Dedica tiempo a escuchar a Dios en silencio y ora para que el Espíritu Santo te guíe claramente.

Ejercicios que te ayudarán

Ejercicio 1: Estudia y reflexiona en la Palabra de Dios

- Lee Isaías 61:1-2 y Lucas 4:16-21.
- Reflexiona sobre estas preguntas:
    1. ¿Qué enseñanzas encuentras que se aplican al servicio ministerial?

2. ¿Cómo podrías imitar a Jesús en tu vida diaria?

- Escribe un compromiso concreto basado en tu reflexión para poner en práctica un principio bíblico relacionado con el servicio.

Ejercicio 2: Ora con intensidad

- Dedica, al menos, 10 minutos a orar específicamente para que Dios te revele tu ministerio.
- Divide la oración en tres partes:

  1. Gratitud: Agradece a Dios por tus dones y talentos.
  2. Petición: Pide claridad sobre cómo puedes usarlos.
  3. Escucha: Permanece en silencio, buscando impresiones del Espíritu Santo.

- Al finalizar, anota en un diario cualquier pensamiento, idea o inspiración que surja.

Ejercicio 3: Explora tus motivaciones

- Haz una lista de razones por las que deseas servir a Dios.
- Reflexiona sobre preguntas como:

    - ¿Qué eventos o experiencias te han motivado a buscar un ministerio?
    - ¿Hay alguna forma en que desees expresar gratitud a Dios?
- Escribe una oración de dedicación, comprometiéndote a servir según su voluntad.

Ejercicio 4: Participación en actividades de la iglesia.

- Elige un ministerio en tu iglesia (ej.: enseñanza, alabanza, servicio comunitario) e involúcrate durante un mes.
- Evalúa tu experiencia respondiendo:
    1. ¿Qué aprendiste sobre ti mismo?
    2. ¿Sentiste alegría al realizar esta tarea?
    3. ¿Ves posibilidades de crecimiento en este ministerio?

Ejercicio 5: Inventario personal de talentos, pasiones y recursos.

- Completa las siguientes categorías:
    - **Talentos:** Escribe cosas que haces bien (ej.: hablar en público, cocinar, organizar).
    - **Pasiones:** Anota actividades que disfrutas hacer (ej.: enseñar, ayudar a otros).

    - **Recursos:** Incluye elementos como tiempo, dinero, materiales o contactos que puedes utilizar.

- Busca maneras en que estas tres categorías se conecten con necesidades en tu iglesia.

Ejercicio 6: Detecta necesidades en tu comunidad

- Observa durante una semana lo que ocurre en tu iglesia o vecindario.
- Anota tres necesidades que identifiques (ej.: falta de actividades para jóvenes, ayuda en el área de limpieza, discipulado).
- Idea una acción específica para contribuir en, al menos, una de estas necesidades.

Ejercicio 7: Análisis de tu historia de vida

- Haz una línea de tiempo destacando los eventos más significativos de tu vida. Incluye:
    - Momentos de gozo
    - Desafíos o pruebas
    - Experiencias espirituales
- Identifica patrones o temas recurrentes que puedan indicar tu llamado.

Ejercicio 8: Confirmación del llamado

- Habla con un mentor espiritual, líder de iglesia o amigo cercano, con reputación de persona dedicada a Dios. Pídele retroalimentación sobre los dones que ve en ti.
- Reflexiona: ¿Coinciden sus comentarios con lo que sientes que Dios te llama a hacer?
- Escribe un resumen de lo que aprendiste de estas conversaciones y cómo las mismas te ayudaron a aclarar tu llamado.

Ejercicio 9: Escucha y sensibilidad al Espíritu Santo

- Encuentra un lugar tranquilo y dedica 15 minutos al silencio, pidiendo al Espíritu Santo que te guíe.
- Durante este tiempo, medita en Hechos 8:5-40 (la historia de Felipe).
- Anota cualquier dirección que sientas recibir y comprométete a actuar en consecuencia.

Ejercicios para el descubrimiento y desarrollo de tu ministerio

Ejercicio 1: Dinámica de grupo: Compartiendo llamados.

Objetivo: Reconocer cómo otros han descubierto su ministerio y reflexionar sobre el propio.

Instrucciones:

1. En un grupo pequeño, cada participante compartirá brevemente si alguna vez ha sentido un llamado a un ministerio o una actividad específica dentro de la iglesia.
2. Escoge una historia compartida que te inspire e identifica:
    - ¿Qué despertó el deseo de esa persona?
    - ¿Cómo podría aplicar lo aprendido en tu propio proceso?

Ejercicio 2: Diario de Reflexión Espiritual

Objetivo: Profundizar en la relación con Dios para identificar áreas ministeriales.
Instrucciones: Durante una semana, dedica 10 minutos diarios a:

- Leer un pasaje bíblico relacionado con el servicio (por ejemplo, Isaías 61:1-2 o Mateo 28:19-20).
- Escribir una oración a Dios, pidiendo claridad sobre cómo puedes servir mejor en tu iglesia.
- Reflexionar: ¿Qué ideas, emociones o inquietudes surgen en tu corazón?

Ejercicio 3: Encuesta de Talentos y Dones

Objetivo: Identificar talentos y habilidades personales aplicables al ministerio.
Instrucciones:

1. Completa esta breve encuesta:
    - ¿Qué actividades disfrutas más?
    - ¿Qué habilidades has desarrollado (en la iglesia, en tu trabajo o en tu hogar)?
    - ¿Qué tipo de servicio sientes que Dios te ha llamado a realizar?
2. Compártela con un líder de tu iglesia para recibir retroalimentación y sugerencias.

Ejercicio 4: Proyecto de Observación Ministerial

Objetivo: Identificar necesidades misionales en tu iglesia o comunidad.
Instrucciones:

1. Observa las actividades de tu iglesia durante una semana.
2. Anota:
   - ¿Qué ministerios están funcionando bien?
   - ¿Qué necesidades parecen desatendidas?
   - ¿Cómo podrías contribuir a cubrir esas necesidades?

Ejercicio 5: Simulación de Ministerio

Objetivo: Probar diferentes áreas ministeriales antes de comprometerse a largo plazo.
Instrucciones:

1. Elige una actividad en la que nunca hayas participado (como enseñar una clase, dirigir un canto, o ayudar en logística).
2. Participa durante un mes.
3. Evalúa después: ¿Cómo te sentiste? ¿Qué aprendiste? ¿Sientes paz y propósito en esta actividad?

Ejercicio 6: Rueda de Consejería

Objetivo: Buscar confirmación y guía a través de los demás.
Instrucciones:

1. Habla con tres personas de confianza en tu iglesia:
   - Un líder espiritual.
   - Un amigo cercano.
   - Una persona que admire tu dedicación.
2. Pregunta:
   - ¿Qué áreas de ministerio creen que se adaptan a mis habilidades?

    - ¿Ven algo en mí que podría ser útil para la obra de Dios?
3. Reflexiona sobre sus respuestas y busca coincidencias.

Ejercicio 7: Testimonio Inspirador

Objetivo: Usar las experiencias de otros para fortalecer la propia búsqueda.
Instrucciones:
Elige una de las historias compartidas en este capítulo.
1. Resume en tus palabras cómo esa persona descubrió su ministerio.
2. Responde:
    - ¿Qué puedes aprender de su experiencia?
    - ¿Cómo podrías aplicar sus pasos en tu vida?

Ejercicio 8: Creando tu Visión Ministerial

Objetivo: Establecer metas claras para tu servicio.
Instrucciones:
1. Completa las siguientes frases:
    - Creo que Dios me ha llamado a…
    - Quiero impactar la vida de otros a través de…
    - Mi primera acción será…

Comprométete a revisar este plan en tres meses y evaluar tu progreso.

CAPITULO 6

La clave para que te mantengas ministrando

Ministrar es una tarea tan demandante que en algún momento sentirás la tentación de abandonarlo. Aquí te presento algunas recomendaciones para sobreponerte a ella, basadas en ejemplos bíblicos.

El ministerio es un llamado sagrado que implica servir a otros con dedicación y amor. Sin embargo, como el ministerio al cual Dios nos llama es una labor que se extenderá en el tiempo, va a generar desgaste emocional, espiritual y físico. La Palabra de Dios, no obstante, nos ofrece principios profundos y ejemplos poderosos para enfrentar estas dificultades y mantenernos en el camino del servicio con gozo y eficacia.

En este capítulo, exploraremos cómo mantenernos ministrando a pesar del agotamiento, utilizando ejemplos de personajes bíblicos como Timoteo, Arquipo, Elías y Jesús, y las instrucciones del apóstol Pablo. Además, reflexionaremos sobre cómo aplicar estos principios a nuestros ministerios.

El ejemplo de Timoteo: Reavivar el fuego del ministerio

Timoteo, un joven líder de la iglesia primitiva, enfrentó grandes desafíos en su ministerio. Pablo, consciente de las dificultades que Timoteo encontraba en su labor pastoral, le escribió: "Por lo cual te aconsejo que avives el fuego del don de Dios que está en ti por la imposición de mis manos" (2 Ti. 1:6). Esta exhortación resalta varios principios clave que son vitales para cualquier ministro que desee continuar su labor sin caer en el agotamiento.

Reavivar el fuego constantemente

El ministerio no es algo estático, sino dinámico, y requiere renovación constante. La llama del llamado divino puede debilitarse si no se alimenta regularmente. Así como una vela necesita ser encendida y mantenida, los ministros deben hacer esfuerzos conscientes para avivar su pasión por el servicio a través de la oración, el estudio de la Palabra y la comunión con Dios. Un ministerio que no se mantiene vibrante y renovado, corre el riesgo de caer en la rutina y la fatiga.

Reconocer el don de Dios

Pablo le recuerda a Timoteo que el ministerio no es una tarea humana, sino un don que Dios le ha dado. Este recordatorio es crucial, ya que la comprensión de que el ministerio proviene de Dios y no de nuestra propia capacidad nos ayuda a enfocarnos en su poder, en lugar de depender exclusivamente de nuestras fuerzas. El ministerio no es un peso que debemos cargar por nuestra cuenta, sino una gracia que Dios ha puesto en nuestras manos para servir a los demás.

Depender del Espíritu Santo

En el siguiente versículo, Pablo añade: "Porque no nos ha dado Dios espíritu de cobardía, sino de poder, de amor y de dominio propio" (2 Ti. 1:7). Esta declaración nos recuerda que no estamos solos en nuestro trabajo, el Espíritu Santo está con nosotros. La dependencia del poder del Espíritu es esencial para mantenernos en pie, especialmente cuando el agotamiento emocional o físico amenaza con desalentarnos. El Espíritu nos da la fuerza para continuar, la sabiduría para tomar decisiones sabias y el amor necesario para servir a los demás, incluso cuando las fuerzas físicas escasean.

Timoteo, por supuesto, enfrentaba obstáculos personales que podrían haberlo llevado a abandonar su ministerio. Era joven, tímido y padecía problemas de salud, como se menciona en 1 Timoteo 5:23, donde Pablo le recomienda un remedio para sus frecuentes molestias estomacales. Estos detalles nos muestran que Timoteo no era perfecto ni invulnerable, y que sus debilidades humanas fueron un recordatorio constante de la necesidad de depender de Dios para superar las limitaciones personales.

La exhortación a Arquipo

En Colosenses 4:17, Pablo escribe: "Decid a Arquipo: Mira que cumplas el ministerio que recibiste en el Señor". Esta breve, pero poderosa exhortación, subraya la importancia de tener una visión clara y de ser fieles al llamado que hemos recibido. La fidelidad en el ministerio no es solo cuestión de perseverar, sino también de mantener el enfoque en lo que Dios nos ha asignado. Esta exhortación es una invitación a no ceder a la tentación de abandonar la tarea, ni a ser distraídos por otras preocupaciones o prioridades.

Tener un enfoque claro

El cumplimiento del ministerio implica una firme determinación de avanzar hasta el final, sin importar los obstáculos que se presenten. Mantener el propósito claro es esencial para evitar distracciones, desánimos y la tentación de rendirse. Los ministros de hoy deben saber cuál es su propósito y su misión en el Reino de Dios, lo que les dará la motivación para perseverar incluso cuando el camino se vuelve difícil.

Recordar el origen del llamado

El ministerio es un llamado que hemos recibido "en el Señor". Este reconocimiento nos recuerda que no estamos trabajando para agradar a las personas, sino para agradar a Dios. El saber que estamos haciendo la voluntad de Dios nos motiva a seguir adelante, aún cuando las circunstancias sean difíciles. A lo largo de la historia, el pueblo de Dios ha tenido que hacer frente a la oposición y el sufrimiento, pero siempre ha sido recompensado por su fidelidad.

Descanso y renovación espiritual

El descanso no es solo una pausa en el ministerio, sino una herramienta esencial para la renovación y la continuidad en el servicio. La Biblia nos muestra que incluso los más grandes siervos de Dios necesitaron momentos de reposo para recuperar fuerzas y seguir cumpliendo su llamado. Elías, después de un período de intenso conflicto espiritual, encontró en Dios la restauración que necesitaba para continuar su misión. De manera similar, Jesús, en su ministerio terrenal, modeló la importancia de apartarse a descansar y renovar el espíritu. Estos ejemplos nos enseñan que el descanso no es una señal de debilidad, sino una estrategia divina para ministrar con mayor efectividad y perseverancia.

El profeta Elías

Elías es otro ejemplo clave que nos ayuda a comprender cómo perseverar en tiempos de agotamiento. Después de una victoria espectacular sobre los profetas de Baal (véase 1 Re. 18), Elías huyó al desierto, deseando morir. Su ministerio había sido intenso, y en ese momento de agotamiento emocional y espiritual, Elías no tenía fuerzas para continuar. Sin embargo, Dios no lo reprendió, sino que lo renovó, dándole descanso, alimento y una nueva visión (véase 1 Re. 19:5-18). Este episodio demuestra que, incluso en nuestros momentos más bajos, Dios está dispuesto a restaurarnos y darnos nuevas oportunidades para continuar nuestro ministerio con renovadas fuerzas.

El descanso que Elías recibió fue un recordatorio de que, al igual que Jesús, los ministros de hoy también necesitan descansar y renovarse. Esto no es un signo de debilidad, sino de sabiduría espiritual. La vida ministerial no es solo una carrera de resistencia, sino una carrera que se gana al aprender a depender de Dios para el sustento y la renovación.

Jesús

Aunque Jesús era perfecto y divino, también era humano y, como tal, también experimentó agotamiento físico y emocional. El evangelio de Marcos relata que, después de un período de intensa enseñanza y sanidad, Jesús les dijo a sus discípulos: "Venid vosotros aparte a un lugar desierto y descansad un poco" (Mr. 6:31). Este principio de descanso es fundamental para un ministerio duradero.

Jesús nos mostró la importancia de retirarse a un lugar tranquilo para orar y renovar nuestras fuerzas.

Los ministros de hoy deben seguir este ejemplo. El descanso físico y espiritual no solo es una necesidad humana, sino una estrategia divina para mantenerse efectivos en el servicio. La renovación espiritual no es algo opcional, sino esencial para seguir siendo canales de bendición para los demás.

Los ministros de hoy

Los ministros de hoy enfrentan muchos de los mismos desafíos que los personajes bíblicos que hemos examinado. El agotamiento, la falta de motivación y las dificultades personales son problemas reales en el ministerio, pero los principios y ejemplos bíblicos ofrecen respuestas poderosas.

Reavivar la pasión por el servicio

Los ministros deben recordar que su llamado es un don de Dios. La dedicación personal a la oración y al estudio de la Biblia es esencial para mantener el fuego de su ministerio vivo. Es fácil perder la pasión por el servicio cuando las tareas diarias se acumulan y el desgaste comienza a sentirse, pero recordar el propósito divino detrás de nuestro ministerio puede reavivar el fuego interior.

Buscar apoyo comunitario

El ministerio no fue diseñado para ser realizado en solitario. Pablo mismo destacó la importancia de trabajar en equipo, como lo vemos en sus cartas a las iglesias. Los ministros de hoy deben aprender a compartir las cargas con otros y a buscar apoyo en la comunidad. La cooperación en el ministerio no solo aligera la carga, sino que también fortalece el cuerpo de Cristo en su totalidad.

Cuidar el bienestar integral

El bienestar físico y emocional de un ministro es crucial para mantener su eficacia en el servicio. Timoteo, como vimos, tenía problemas de salud, y Pablo no dudó en recomendarle un remedio. Los ministros de hoy deben aprender a cuidar de sus cuerpos, alimentarse bien, descansar lo suficiente y buscar ayuda profesional cuando lo necesiten.

Recordar el impacto eterno

Ver vidas transformadas por el evangelio puede ser una fuente poderosa de motivación. El ministerio no se trata solo de las tareas cotidianas, sino del impacto eterno que tiene en el Reino de Dios. Recordar que cada acto de servicio tiene un valor eterno, y que puede renovar nuestra energía y pasión por continuar.

Implementar una rutina de renovación espiritual

Los ministros deben establecer tiempos regulares de oración y lectura bíblica, no solo como parte de su preparación para el ministerio, sino como una necesidad personal para su crecimiento espiritual. De lo contrario, el ministerio puede convertirse en una tarea vacía y agotadora.

Asistir a talleres y retiros espirituales

Participar en actividades que fortalezcan la fe y el conocimiento bíblico es fundamental para la renovación. Los retiros espirituales y los talleres ministeriales ofrecen un espacio para la reflexión, la restauración y la visión renovada.

Superar el agotamiento en el ministerio

El agotamiento es una realidad que muchos ministros enfrentan. Para superarlo, es esencial:

- **Descansar en el Señor**: Como Jesús dijo, "Venid a mí los que estáis trabajados y cargados, y yo os haré descansar" (Mt. 11:28). El descanso en el Señor no es solo físico, sino espiritual, y es vital para la restauración.
- **Compartir cargas**: En Gálatas 6:2, Pablo instruye a los creyentes a llevar las cargas los unos de los otros. La comunidad es fundamental para el bienestar del ministro.

- **Establecer límites saludables**: El ministerio no es una carrera para estar disponibles todo el tiempo. Establecer límites adecuados para cuidar de nuestra salud física, emocional y espiritual es fundamental para servir de manera sostenible.

- **Renovar la visión**: Recordar el impacto eterno de nuestro ministerio puede darnos la motivación necesaria para seguir adelante. El ministerio no es solo un trabajo, sino una inversión en el Reino de Dios.

- **Cultivar relaciones significativas**: Rodearse de personas que apoyen y alienten en los momentos difíciles es esencial para mantenerse motivado en el ministerio.

- **Celebrar los logros**: Reconocer y dar gracias a Dios por los frutos obtenidos en el ministerio ayuda a mantener una perspectiva positiva y a continuar con energía.

En resumen

Mantenernos ministrando a lo largo de los años requiere dependencia total en Dios, renovación constante y estrategias prácticas para superar el agotamiento. Timoteo, Arquipo, Elías y Jesús nos enseñan que el llamado divino no se trata solo de comenzar bien, sino de perseverar y cumplirlo con fidelidad. Reavivemos el fuego del don de Dios, dependamos del Espíritu Santo y confiemos en que

Aquel que nos llamó es fiel para sostenernos en nuestra misión.

Que estos principios sean una guía para los ministros de hoy y líderes espirituales, inspirándolos a servir con dedicación y perseverancia. Que cada ministro, sin importar su rol, pueda decir con confianza que, como el apóstol Pablo, ha "corridos la buena carrera" y ha "guardado la fe" (2 Ti. 4:7).

Ejercicios para Reavivar y Perseverar en el Ministerio

Ejercicio 1: Reaviva el fuego del don de Dios

- Lee 2 Timoteo 1:6-7. Reflexiona sobre estas preguntas:
    1. ¿Qué dones o talentos crees que Dios te ha dado para servir?
    2. ¿Hay algún área en tu vida ministerial donde sientas que necesitas reavivar la llama?
- Escribe una oración comprometiéndote a fortalecer tu relación con Dios y renovar tu pasión por el ministerio.

Ejercicio 2: Dependencia del Espíritu Santo.

- Haz una lista de situaciones recientes en tu ministerio donde te hayas sentido débil o desmotivado.
- Ora específicamente por cada situación, pidiendo al Espíritu Santo que te dé poder, amor y dominio propio para afrontarlas.

Ejercicio 3: Reconoce el origen de tu llamado.

- Responde por escrito:
    1. ¿Qué te motivó a aceptar el llamado al ministerio?
    2. ¿Cómo puedes recordar constantemente que tu ministerio es un don de Dios y no un esfuerzo humano?
- Escribe un versículo bíblico que te recuerde la fidelidad de Dios y colócalo en un lugar visible como recordatorio.

Ejercicio 4: Descanso y Renovación Espiritual.

- Planifica un tiempo específico durante la semana para descansar físicamente y pasar tiempo a solas con Dios en oración y lectura bíblica.

- Reflexiona sobre Marcos 6:31 y escribe tres formas en las que puedes implementar el principio del descanso en tu vida ministerial.

Ejercicio 5: Identifica y enfrenta el agotamiento.

- Escribe tres señales de agotamiento que hayas experimentado en tu vida ministerial.
- Para cada una, escribe una estrategia práctica para superarla, como delegar tareas, establecer límites saludables o buscar apoyo de otros líderes.

Ejercicio 6: Establece una rutina de renovación.

- Diseña un plan semanal que incluya:
    1. Tiempo de oración personal.
    2. Lectura de la Palabra de Dios para alimentar tu espíritu.
    3. Espacios para el descanso físico.
    4. Participación en actividades que te edifiquen espiritualmente (como talleres o retiros).

Ejercicio 7: Evalúa tu enfoque y propósito

- Lee Colosenses 4:17 y responde:

1. ¿Estás enfocado en cumplir el ministerio que Dios te ha asignado?
2. ¿Hay distracciones que te están alejando de tu propósito? ¿Cómo puedes enfrentarlas?

- Escribe un objetivo claro para tu ministerio y los pasos que tomarás para mantener el enfoque.

Ejercicio 8: Celebración y gratitud

- Haz una lista de los logros o frutos más significativos que has experimentado en tu ministerio.
- Dedica tiempo a agradecer a Dios por ellos. Considera compartirlos con tu equipo o iglesia como un testimonio de Su fidelidad.

CONCLUSION

Si ya estás poniendo en práctica estas estrategias, te animo a perseverar, porque estoy convencido de que estás muy cerca de exclamar: "¡Lo encontré!"

Sentirse útil produce una profunda satisfacción, especialmente para el cristiano, pues no hay mayor gozo que saber que nuestras acciones contribuyen al crecimiento de la iglesia, como cuerpo de Cristo. Comprobar que el Espíritu Santo nos incluye en el cumplimiento de su misión es motivo suficiente para exclamar con gratitud: "¡Aleluya!". Espero que esta sea también tu declaración.

A lo largo de las páginas de este libro, has podido reflexionar sobre tu lugar en el cuerpo de Cristo y comprender que formar parte de él implica tener una función específica, dada por el mismo Dios. Tu perspectiva sobre lo que significa estar activo en la iglesia ha evolucionado, ahora entiendes que va mucho más allá de un nombramiento o responsabilidad puntual. Además, has adquirido una base bíblica sólida sobre lo que es un ministerio, lo cual te ayudará a alinear tus acciones con el propósito de Dios. Sobre todo, ahora tienes herramientas claras para descubrir el ministerio al que Dios te llama.

Si ya estás poniendo en práctica estas estrategias, te animo a perseverar, porque estoy convencido de que estás muy cerca de exclamar: "¡Lo encontré!". Cuando eso ocurra, te unirás al gran grupo de discípulos que experimentan gozo al saber que están haciendo aquello para lo que fueron llamados.

Si ya estás ministrando, quiero animarte a seguir adelante. Es cierto que el agotamiento ministerial es una realidad que, en algún momento, enfrentarás, pero recuerda que incluso siervos esforzados y consagrados como Elías y Timoteo pasaron por períodos de debilidad. Sin embargo, ambos aplicaron estrategias que les permitieron superar esas etapas difíciles con éxito.

Ha sido un honor para mí ser un instrumento de Dios para orientarte en esta jornada. Quiero que sepas que mi disposición para ayudarte no termina aquí. Te invito a que me contactes a ***elmovilizador2024@gmail. com***. Será un privilegio saber cómo va tu jornada ministerial y seguir acompañándote en este camino.

Además, en el siguiente código QR tendrás acceso a mi Instagram, en el cual estaré publicando información fresca y útil sobre este tema.

@ELMOVILIZADOR

Adicionalmente, si deseas acceder a mi muro de Facebook, puedes escribir en tu buscador: *"El movilizador Carlos Madrigal"* o accediendo a este enlace: https://www.facebook.com/profile.php?id=61559555214275.

ACERCA DEL AUTOR

Carlos Madrigal nació en Cuba y, desde niño, sintió una profunda vocación por la predicación y la enseñanza de la Palabra. Esta pasión fue tan intensa que, en su juventud, decidió estudiar Teología.

Contrajo matrimonio con Loida, y juntos han sido bendecidos con su hijo Jasiel, quien está casado con Gigi.

A lo largo de su trayectoria pastoral, Carlos descubrió que su pasión ministerial es ayudar a los creyentes a encontrar el ministerio al cual Dios los ha llamado. En palabras del apóstol Pablo, su misión es guiarlos a descubrir su función en el cuerpo de Cristo.

Obtuvo un doctorado en la Universidad Andrews, donde su investigación se centró en los conceptos que comparte en este libro. Además, es autor de *El Movilizador: Cómo Involucrar a los Creyentes en la Obra del Ministerio.*

Si el libro "Mi ministerio en la Iglesia" te fue de bendición...

Te invito a leer estos otros libros: **"El Movilizador: Cómo Involucrar a los Creyentes en la Obra del Ministerio"** y **"Pilares de una iglesia movilizada".** En sus páginas encontrarás una guía práctica para comprender la importancia de integrarte en la misión que Jesús le encomendó a su iglesia. Además, obtendrás herramientas esenciales para convertirte en un líder movilizador que inspire y motive a otros a servir con pasión y propósito.

Acceso a Amazon

Made in the USA
Middletown, DE
25 April 2025